_____ 님

전역을 축하합니다!

트와이스 머리가 굳었어도 좀 더 힘을 내 Cheer up
2NE1 내가 봐도 네 첫인상이 끝내주잖아
태연 떠나요 둘이서 복학 계획을 세우러
오마이걸 교수님과의 거리가 멀어지지 않게 다가가
선미 24시간 우-우-우 취미에 빠져봐
마마무 생각이 멋진 남자 바로 너, 리더로서 OK
I.O.I 너는 꿈을 꾸는 복학생, 너를 향한 shining light

군통령들의 노래가 당신의 장밋빛 앞날을 응원합니다.

_____드림

말년병장 복학작전

말년병장 복학작전

배종환 허동령 지음

학고재

복학, 아는 만큼 보인다

전역을 6개월쯤 앞두고 가슴이 울렁거리기 시작했다. 군생활이 즐겁기 시작하는 말년병장을 달고 왜 이런 증상이 생겼는지 나도 모를 일이었다.

마라톤으로 치면 42.195km 중에서 35km 이상은 달려온 것 아닌가. 어느새 종착역이 보이는 군생활 말년 아닌가.

여자친구가 고무신을 거꾸로 신은 것도 아니었고, 집에 무슨 일이 생긴 것도 아니었다. 부대 내에서도 윗사람에게 인정받고 아랫사람에게 지지받는 병사였다. 그런데 이 가슴 먹먹함은 시간이 지나도 낫지 않았다.

내가 왜 이럴까?

그러다 열흘 전쯤 다녀온 휴가 중 겪은 일이 불현듯 머릿속을 스쳐 지나갔다. 겸사겸사 학교에 잠시 들렀었다.

군에 복귀하기 전까지 며칠의 여유가 있었고, 어차피 전역 후 복학해야 할 터라 학교가 어떻게 돌아가나 구경이라도 해보자는 마음이었다.

처음엔 가벼운 마음으로 학교 정문을 통과했지만 시간이 지날수록 상황이 이상하게 흘러갔다. 얼굴도 본 적 없는 학과 후배들이 묘한 눈빛으로 나를 바라보았다.

답답하고 어색한 상황에서 도망치듯이 행정 사무실을 찾아갔다. 복학 과정에 대해 궁금한 점 몇 가지를 조교에게 물어봤지만 뭉뚱그려 이야기해줄 뿐 속 시원하게 대답해주지는 못했다. 자세한 사항은 학교 전산 프로그램에 들어가서 이렇게 저렇게 해보라는 식으로 이야기를 하는데, 외계어를 듣는 것 같았다.

돌이켜 보면 지금의 이 알 수 없는 두근거림은 이때부터 시작된 것이 아닌가 싶다.

학교에서 일을 대충 마무리하고 나오다가, 나와 비슷한 시기에 입대하여 전역을 앞두고 휴가를 나온 학과 동기를 우연히 만났다. 친구를 보자 눈물이 핑 돌았다. 오랜만에 만난 반가움 때문이 아니라, 오늘 있었던 일을 하소연할 상대를 찾았다는 기쁨 때문이었다.

학교 다닐 때는 남자 둘이서는 잘 가지도 않던 카페에

앉았다. 우리는 커피 잔을 다 비울 때까지 '낯설다', '어색하다', '막막하다'라는 말만 되풀이 했다.

저녁에는 그나마 알고 지내던 선배들이 모여 있다는 소식을 듣고 인사도 할 겸 식당에 들렀다. 반가운 얼굴들이 보였다.

"이야, 너 벌써 전역하냐. 그래, 복학 준비는 다 해놨어?"

"아뇨. 별로 못했는데요. 하하…."

나는 머리를 긁적이며 자리에 끼어들었다. 그 후 두 시간 동안 선배가 준비 없이 복학해서 당한 수많은 사연들을 들어야 했다. 온갖 불행한 일은 다 겪은 선배의 이야기에 씁쓸한 마음으로 맞장구쳐주다가 헤어졌다. 휴가 나와서까지 선배의 신세한탄을 들어야하나 싶으면서도, 한편으로는 오늘 겪은 일이 떠올라 어느 정도 공감이 가기도 했다.

부대로 돌아오니 어쩔 수 없이 짜증이 나긴 했으나, 내 집 같은 편안함에 답답함이 어느 정도 잦아드는 것 같았다. 하지만 예고 없이 두근거리는 가슴을 부여잡는 횟수가 시간이 흐를수록 늘어났다. 그럴 때면 밥을 먹어도 소화가 제대로 되지 않았다.

복학 울렁증! 내 증상에 대해 오랜 시간 고민 끝에 내린 결론은 바로 복학 울렁증이었다.

3포 세대, 5포 세대의 대학생들 특히 군대를 다녀온 남자 선배들은 하나같이 입을 모아 우리에게 조언했다.

"복학 준비 잘 하고 와!! 나처럼 후회하지 말고……."

하지만 서점으로 달려가도 복학생 이야기는 눈을 씻고도 찾아볼 수 없었다. 인터넷을 뒤져봐도 블로그 조회 수를 올리기 위해 쓴 뻔한 이야기들뿐이었다. 미리 복학을 경험한 선배들도 자신의 경험담만 늘어놓을 뿐 구체적인 대안을 제시해 주지 못했고, 그런 선배가 있더라도 그 내용들을 개인적으로 시간과 정성을 들여서 수집하고 정리할 착한 바보도 없었다. 결국 복학에 준비가 필요한 것을 알면서도 걱정만 할 뿐 정작 아무런 준비도 하지 못한 채 불구덩이로 들어가는 악순환이 반복되었다.

이 책을 쓰게 된 계기가 여기 있다.

나 역시 악순환의 고리 속에서 아무런 준비 없이 복학했고, 좌충우돌 여기 저기 부딪히고 깨지며 선배들의 전철을 밟은 것이 사실이다. 하지만 내 후배들은 굳이 나와 같은 길을 걷게 하고 싶지 않다. 복학 때문에 겪는 무의미한 고난과 역경은 지금까지 학교로 돌아온 수많은 복학생들이 겪은 것으로 충분하다. 동기와 함께 우리가 겪으며 느낀 기록들을 책으로 남겨 후배들에게 구체적이고 생생하게 복학 노하우를 전하고 싶었다.

중간 중간 개인적인 이야기들이 들어 있을 수도 있다. 하지만 복학을 앞둔 군인이라면 한 번쯤 진지하게 생각해 볼 내용들을 엄선해 글로 옮겼다. D-day를 기준으로 구성을 나누었지만 어디까지나 참고사항이지 반드시 그 일자에 얽매일 필요는 없다. 입맛에 맞게 하나씩 골라 실천해 보기를 바란다. 나아가 이 책을 통해, 밤잠을 설치고 있을 군인들의 복학 울렁증이 조금이라도 해소되기를 기대해 본다.

끝으로 주제별로 걸그룹 노래를 소제목과 연관 지은 이유는 현명한 복학을 위해 필요한 사항을 머리에 쏙쏙 각인시켜주기 위함이다. 복무기간 내내 '군통령'으로 모셨던 여신들의 노래가 아니던가. 노래 가사를 흥얼거리면서 즐겁게 복학 준비를 하기 바란다.

'군인 오빠들, 파이팅!'

2016년 여름 배종환·허동령

차례

D-150

말년병장 복학작전

D-100

D-50

말년병장 복학작전

D-7

작전1 복학한다 전해라   시간을 달려
상의 소식을 싣고   오늘 뭐 해? (헬로
Pick me (I.O.I)   작전4 자랑할 만한
5 도전, 분대장   넌 is 뭔들 (마마무)
(스피카)   작전7 굳은 머리에는 군

복학한다 전해라

시간을 달려서 (여자친구)

'복학 증후군.'

전역이 다가오고 슬슬 복학 준비를 하려니 없던 병도 생기는 것 같다. 복학은 해야겠고, 머릿속이 단단하게 굳은 지는 이미 오래. 어떻게 해야 할지 막막하기만 하다. 하지만 걱정 속에 하루하루를 낭비하지 말자. 아무리 캠퍼스생활이 변했다고 해도 사람 사는 곳의 생리는 거기서 거기. 심지어 당신과 처지가 같은 예비 복학생들은 지천에 널렸다.

결코 외롭지 않을 거야? 그렇지? 정말 그럴까?

학생식당 6인용 테이블에서 혼밥은 상상조차 하기 싫다

고? 반쯤 욕 섞어가며 화기애애하게 친구들과 즐기던 점심시간을 떠올려보자. 슬슬 그들의 안부가 궁금하지 않은가? 당장 휴대전화를 꺼내 전화번호 목록에 있는 친구들의 이름을 확인하자.

맨땅에 헤딩하면 머리만 아프다. 정보만이 살길! 심호흡 한 번 하고 목소리 가다듬고 친구들에게 전화를 걸자.

"나, 다음 학기에 복학해!", "나 말고 다른 애들은 누가 복학한대?", "동기 중 누가 학교에 다니고 있어?"

휴학 중인 여자 동기, 먼저 전역한 남자 동기, 학교에 다니는 친구, 선·후배들은 물론 가능하다면 교수님에게까지 전화를 돌리자. 잠깐! 안부 인사만 나눠서는 안 된다. 당신이 지인들에게 전화를 거는 목적은 동태를 파악하기 위함이다. 술 한잔 하자는 친구의 제안에 이를 망각하는 우를 범해서는 안 된다. 아무리 술이 고파도….

안 돼요, 안 돼요, 돼요, 돼요. 이를 어쩌나.

술자리에 앉기도 전에 정신을 놓아서는 안 된다.

이중에서 가장 신경 써야 할 대상이 있다. 누굴까? 그것은 같은 시기에 학교를 다녔던 '남자 동기들'이다.

왜?

21개월의 군복무를 마치고 곧 복학

캠퍼스의 낭만, 생각만 해도 잠이 안 온다.

일장춘몽.
낭만은 넣어둬~

복학하면 가장 많은 시간을 보내야 하는 사람들이 바로 그들이기 때문이다. 또 '가재는 게 편'이라고, 적어도 군대라는 공통점과 그 경험이 오래되지 않았다는 점에서 이미 짠한 공감대를 갖고 있기 때문이다.

부지런히 전화를 돌렸으나 별다른 소득이 없을지도 모른다. 목구멍을 스쳐 넘어가는 소주의 짜릿한 상상이 사라지기도 전에 쓸쓸함에 말문이 막힐지도 모른다. 어떤 친구는 스펙을 쌓으려고, 어떤 친구는 유학을 가려고, 또 어떤 친구는 입대하려고 휴학을 결정했다는 대답을 들을 수도 있다. 그렇다고 '에이, 헛고생했네' 하며 손 놓고 있을 건 아니다. 그들을 학교에서 다시 마주칠 일이 없다고 해도 아직 포기는 이르다.

당신은 그들과 학교생활을 할 수 없다는 정보를 얻지 않았는가. 이제는 플랜 B를 가동할 차례. 최대한 많은 사람들에게 당신의 복학 소식을 전하라. 이 소문은 돌고 돌아 복학 동기 한두 명쯤은 사전 물색이 가능할 수도 있다.

'물색'한다는 표현에 거부감이 드는가? 우정에 기초한 '친구' 사이를 목적을 위한 '비즈니스 파트너'와 비교하다니. 오해다. 이는 시간을 달려서 '조력자'를 적극적으로 찾아 나서라는 뜻이다. 모든 것이 낯선 학기 초에는 복학신청 절차, 수강신청 요령, 바뀐 학사 행정정보 등 당신의 궁금증을 해결해줄 조력자의 역할이 중요하다.

전 세계 어디에 있는 누구나 여섯 단계를 거치면 연결이 가능하다는 '케빈 베이컨의 6단계 법칙Six Degrees of Kevin Bacon'을 떠올려보자. 이것이 가능한 이유는 그 단계 속에 특별히 인맥이 넓은 사람이 포함되어 있기 때문이다.

전역 후 이런저런 도움의 손길이 필요한 당신에게는 케빈 베이컨처럼 발 넓은 조력자가 절실하다. 학교적응에 어려움이 닥치는 순간 그들은 슈퍼맨처럼 나타나 당신을 도와줄 것이다.

♫ 시간을 달려서
어른이 될 수 있다면
거친 세상 속에서 손을 잡아 줄게~

자나깨나 행동조심

정보는 나의 힘! 그렇다고 마구잡이로 연락하는 건 금물. 이미 복학한 친구들에게 전화를 걸기 전에 그들의 인간 관계에 대한 사전 정보부터 파악하자. 캠퍼스 커플이었던 친구에게 뭣도 모르고 헤어진 여친의 소식을 묻는다거나 그 사이 소원해졌을지도 모를 또 다른 친구의 이름을 거론한다면?

입장 바꿔 생각해보자. 서둘러 전화를 끊고 싶을 것이다. 쳇, 욕이나 안 하면 다행.

잘못된 정보로는 조력자를 얻을 수 없다. 입대 전의 기억, 휴가 중 알게 된 친구의 소식, SNS에 올려둔 사진이나 글 등을 종합해서 근황부터 챙기자. 사소한 부분도 놓치지 않는 당신은 센스쟁이.

□ 복학 소식을 전해야 할 지인 이름 및 연락처

1. _____

_____

2. _____

_____

3. _____

_____

4. _____

_____

5. _____

_____

작전2

사지방은 바깥 세상의 소식을 싣고

오늘 뭐 해? (헬로비너스)

"거꾸로 매달아도 국방부 시계는 돌아간다"라는 말이 있다. 작업을 하든 훈련을 하든 정해진 2년의 시간은 흐른다. 아무리 친했던 베프나 동기라도 간간이 생사 확인하는 사이였다면 서로 어색해지고도 남을 시간이다.

몸이 멀어지면 마음도 멀어진다는 사자성어 '거자일소去者日疎'를 들이밀지 않더라도 이미 이런 경험을 몇 차례 해봤을 것이다. "우리 절대로 변하지 말자"며 입대 전날 밤새술을 퍼마시며 수백 번 우정을 다졌어도 현실은…. 매일 고된 훈련에 곯아떨어지기 일쑤고 혹여 시간이 나더라도 마냥 쉬고 싶다. 또 군복무 기간에 서로 휴가를 맞춰 만나는 것은 생각만큼 쉽지 않다.

마침내 전역 후 재회의 순간, 서로 어깨동무를 하고 입대 전날과 똑같은 감정으로 술잔을 기울일 것만 같았는데… 감격은 고사하고 공기 자체가 어색하다. 그래도 옛정이 뭔지, 예전과 같은 편안함에 안도감을 느낄 만하다 싶은데 이미 한 학기가 다 흘러가 버린 후다.

이런 변을 피하려면 말년이 중요하다. 전역의 그날만을 고대하며 인고의 세월을 보낸 지 2년. 오른쪽 가슴에 가지런히 붙어 있는 작대기 4개를 바라보며 흐뭇하게 웃고 있는 당신은 말년병장. 지금 어떤 생각으로 가득 차 있는가? '시간아 어서 가버려!' 하고 시계만 바라보고 있는가? 아니면 전역 후의 일들을 계획하느라 머리를 이리저리 굴리고 있는가? 말년병장이 되니 시간이 좀 널널할 텐데. 그 시간들을 하염없이 죽이고 말 생각인가?

군대 사지방(사이버지식정보방)을 적극적으로 애용하자. 킬링 타임용으로 게임을 하거나 웹툰과 연예 기사를 보는 대신 친한 동기의 SNS에 가볍게 안부라도 묻자. 당신이 여전히 관심을 보이고 있다는 것을 알려라. 생일을 맞이한 친구가 있다면 이메일과 함께 이모티콘 선물을 보내보자.

군인으로서 마지막으로 받는 월급이니 흔쾌히 한 턱 쏘겠다는 기분으로. 친구는 뜻밖의 선물에 기분 좋고, 당신은 적은 금액으로 일타 쌍피의 효과를 거둘 수 있다. 남자들만 우글거리는 삭막한 곳에서 2년을 버티고도 우정만큼은 변치 않았다는 나름의 의리를 보여줄 수 있다. 쥐꼬리보다 더 박한 군인 월급을 내세워 귀여운 생색도 낼 수 있다. 더는 말 한 마디에 천 냥 빚을 갚을 수 있는 세상은 아니지만, 이메일 하나 문자 하나만으로도 어색했던 사이를 말랑말랑하게 풀 수 있다.

'나는 연락 같은 거 따로 하지 않고 복학해도 금세 친해질 수 있어', '만나지도 않을 건데 연락해서 뭐해'라는 생각은 넣어두자. 이런 생각으로 복학했던 많은 친구들이 땅을 치며 후회했다.

《치인트(치즈인더트랩)》의 유정 선배는 현실에 없다.

나 = 유정 선배(?)

에휴~ 당신의 복학을 격하게 환영하며 살갑게 먼저 다가와 줄 후배나 동기가 있을 것이라는 착각은, 그야말로 착각일세.

"전역 후 학교에서 우연히 마주쳤어요. 약간의 안부와 군대 이야기 후에는 침묵만이 흘렀죠. 신입생 때 매일 붙어 다녔는데도 말이에요. 이후 밥을 먹어도 어색하고, 수업을 들어도 어색하고…. 머리로는 서로 친했다는 것을 알고 있는데 마음이 불편했어요. 정말 기분이 묘했죠."

당신이 이런 상황과 맞닥뜨리지 말라는 법은 없다. 닥치면 되겠지 하는 안이함을 버려라.

당신은 한때 IT 경쟁력 3위였던―지금은 뚝 떨어졌지만―인터넷 보급률 1위, 인터넷 이용자 비율 4위인 대한민국의 국민이다. 또 당신의 손에는 스마트폰이 쥐어져 있다. 아마 잠들기 직전까지 손에서 놓지 않을 스마트폰. SNS를 통해 몸은 떨어져 있어도 마음은 늘 함께한다는 것을 보여줘라.

막역했던 대학 동기와 어색한 상태로 학교에 다니기 싫다면,

"오늘 뭐 해?"

"왜?"

"그냥."

시덥지 않은 말이라도 건네라.

"미췬~"

혹여 친구가 당신의 말을 씹더라도, 메시지를 봤다는 숫자 1이 지워지지 않더라도 꾸준히 연락을 취하라.

♬ 오늘이 가기 전에 난 너를 보길 원해
해가 지기 전에 *call call call*

오고가는 콜렉트콜
깨어지는 우리우정

그동안 병사들이 가족이나 친구들에게 연락하려면 부대에 있는 공중전화를 이용해야 했다. 사람 수보다 턱없이 부족한 전화기. 그마저도 계급이 높은 선임병들에게 밀리면 해가 지기 전에 전화기를 만져볼 수나 있을지…. 2016년 1월 30일부터 '병사 수신용 공용 휴대폰' 덕분에 생활관에서 부모님이나 친구들의 연락을 받을 수 있게 됐다. 한 생활관에 한 대의 휴대폰. 하지만 보안이 생명인 부대의 특성상 여전히 전화를 걸려면 공중전화를 이용해야 한다. 어느 날 전화기 앞을 지나가다가 곧장 전화기를 쓸 수 있는 기회가 온다면? 그런데 주머니에 전화카드가 없다면? 아하! 히든카드가 있지. 이름하여 콜렉트콜. 하지만 콜렉트콜을 할 때는 주의해야 하는 것이 있다.

요. 금. 폭. 탄.

당신에게 전화가 왔다는 안내인의 메시지를 받은 친구는 처음에는 반갑게 받아줄 것이다. 하지만 당신이 콜렉트콜을 남발한다면, 그는 '이 전화 받아야 해? 말아야 해?' 하며 망설일 것이다. 아니면 혼잣말로 욕 한 번 하고 안내인에게 "받지 않겠습니다" 하며 냉정하게 거절할지도 모른다.

당신은 군인 월급이라도 받고 있지만, 아직 졸업도 못한 친구의 지갑이 어떤 비극적인 상황에 처했을지 생각해 보자. 당신의 배려 없는 행동은 친구관계를 소원하게 만들 수 있다. 돈 좀 아끼려다 우정에 금간다.

학사일정표를 눈여겨보라

Pick me (I.O.I)

휴가 나오면 보통 무엇을 하며 보내는가?

밤에는 신나게 놀고 이튿날에는 한낮이 되도록 늦잠을 자는가?

할일 없이 슬리퍼 소리 내어 끌면서 어슬렁어슬렁 동네를 배회하는가?

많은 국군 장병들이 휴가를 나오면 대부분의 시간을 집 혹은 집 주변에서 보낸다고 한다. 혹시 학교에 가보고 싶었던 적은 없는가?

'복학하면 매일같이 갈 텐데.'

'수업도 안 받는데, 뭐 하러?'

사실은 다른 이유가 있지 않은가?

'뻘쭘하게….'

정답! 당신은 무척이나 뻘쭘할 것이다. 학교에 가봤자 아는 사람이 거의 없으니 말이다.

연애시절을 돌이켜 보라. 연애 초창기에 서먹해서 만남을 미룬 적이 있는가? 여자친구의 환심을 사기 위해 기념일을 챙기고, 이벤트를 하지 않았는가? 당신이 로맨틱한 남자라는 것을 어필하기 위해 분위기 좋은 장소를 수소문하고 다니지 않았는가?

당신은 군인이지만 학교를 잊어서는 안 된다. 온갖 명목으로 휴가를 나와 친구들을 만나고 집에서 게으름을 만끽하는 것도 좋지만, 이따금 학교를 찾아야 한다. 그러나 아무 때나 무턱대고 찾아가서는 안 된다. 여자친구에게 좋은 인상을 심어줄 수 있는 때와 장소를 찾기 위해 애썼던 것처럼 연애하듯이 학교를 찾아야 한다. 우선 학사일정표를 확인하자. 학교 OT, 해오름식, 과별 MT, 동아리 MT, 학교 축제, 동아리 공연일 등 이벤트 날짜를 체크한 후, 가능하다면 휴가를 이 일정에 맞춘다.

휴가도 타이밍이 중요하다. 시험 기간이나 리포트 제출 기간에 휴가를 나오면 친한 친구들도 부담스러워한다. 한 마디로 찬밥신세다.

목마른 사람이 우물을 판다고 했다. 학교 행사는 군생활로 단절되었던 동기들과의 유대관계를 자연스럽게 이어주는 최적의 기회다. 특히 뒤풀이는 잠시라도 좋으니 꼭 참석하자. 단, 뒤풀이에서 낯선 선후배에게 자신의 존재를 알리겠다고 오버하지 말자. 분위기를 띄워보겠다고 나설 필요가 없다는 말이다. 자칫 너무 나대고 설친다는 부정적 이미지만 심어줄 수 있다. 가볍게 술 한잔 나누면서 서로 얼굴을 익히는 정도면 충분하다.

뒤풀이에 참석한 교수님이 있다면 자기소개를 잊지 말자. 당신이 복학을 하면 교수님이 출석을 부르면서 '아, 휴가 때 봤었지? 벌써 전역한 거야?'라며 반갑게 맞아줄 것이다.

군대 휴가≠휴식

요즘 Siri(음성인식기술)에 푹 빠졌다.

그래 넌 복학생의 외로움을 모를 거야.

휴가 날짜가 잡히면 학교에 찾아갈 일정부터 세워라. 그리고 아직 학교에 다니고 있는 친구들에게 연락해서 미리 약속을 잡자. 혼자 가는 게 조금 두렵다면, 친구에게 데려가 달라고 부탁하자.

Pick me~~~!

너희끼리 가지 말고 나도 데려가.

친구 한두 명이 함께한다면 없던 용기도 절로 날 것이다.

♬ 달콤한 너를 향한 shining light
너만의 날
(hey baby show you my paradise)

□ 휴가에 맞춰 참여할 행사

1. _____
2. _____
3. _____
4. _____
5. _____

□ 행사에 데려가 달라고 바짓가랑이 붙잡을 친구

1. _____
2. _____
3. _____
4. _____
5. _____

자랑할 만한 취미 만들기

24시간이 모자라 (선미)

군대에서 취미는 사치라고? 시간이 없다고?

병장들이 주말에 무엇을 하는지 맞춰볼까?

생활관 침상에 누워 빈둥빈둥 시계만 바라보고 있겠지. 심심하면 여전히 누워 부하들에게 괜한 시비를 걸거나 장난을 치겠지. 하다하다 지겨우면 누운 채로 시간이 안 간다고 투덜거리겠지.

전역하고 나면? 당신의 하루 일과는 180도 달라진다. 주중은 물론 주말에도 과제하랴, 아르바이트하랴, 당신의 방과 후 시간을 기꺼이 헌납해야 하는 상황이 자주 발생할 것이다. 어떤 때는 24시간이 모자라…. 연애까지 하게 되면? 없는 시간을 만들어 하루를 25시간, 30시간으로 만들어야 할지도 모른다.

직장을 다니면? 일 배우며 회사 적응하는 데 매진하다 보면 파김치가 되겠지. 매일같이 만원 버스나 전철을 타고 집에 가겠지. 집에 가면 씻지도 못하고 뻗겠지. 취미생활? 언감생심 꿈이라도 꿀 수 있을까?

당신에게 정녕 취미생활은 딴 나라의 이야기란 말인가. 아니, 그래선 안 되지. 지금이 기회다. 미래의 당신에게 언제, 어떻게 자유 시간이 주어질지 알 수 없다. "나중에"라는 말로 미루지 말고 지금 당장 시작하라. 전역을 앞둔 병장에게는 충분하다 못해 넘치는 시간이 있지 않는가.

"우물쭈물하다가 이렇게 될 줄 알았어."

극작가 버나드 쇼Bernard Shaw의 묘비명처럼 우물쭈물하다가 뭐 하나 잘하는 것 없이 뭐 하나 좋아하는 것 없이 무미건조한 삶을 살다가 이 세상을 떠나고 싶은가?

예전부터 배우기를 원했거나 하고 싶었던 것이 있었다면 곰곰이 생각해보자.

피아노를 배우고 싶다, 장르 문학을 많이 읽고 싶다, DIY 가구를 만들고 싶다, 몸짱이 되고 싶다 등 막연하게 꿈꿔왔던 것들을 하나둘씩 꺼내보자.

한 친구는 군대에서 몸짱이 되어 전역했다. 평소 운동이라면 절레절레하던 그였지만, "돼지 같다"는 선임의 조롱이 듣기 싫었다. 처음에는 웃고 넘겼지만 시간이 갈수록 마음에 상처가 됐다. '선임이랍시고 말을 함부로 하는 네게 식스팩을 보여주고 말리라' 다짐하며 그는 곧장 체력단련실로 향했다. 그는 체력단련실 앞에서 잠시 멈칫했다. 많은 군인들이 그곳에서 땀을 흘리고 있었던 것이다. 선임과 후임 들은 우물쭈물 서성이는 그를 발견하고는 자세교정은 물론 함께 운동하며 그의 의지에 격려를 해주었다.
운동을 심하게 한 날이면 근육통 때문에 며칠씩 운동을 쉬기도 했지만, 포기하지 않고 또다시 체력단련실로 달려갔다. 그렇게 운동을 한 지 3개월 후 그를 조롱하던 선임은 그에게 "몸 좋아졌다"라고 말하며 엄지를 치켜세웠다. 그날 이후로 그의 '취미'는 습관이 되었다. 주변 사람들은 그의 달라진 외모에 호감을 보였다.
Right now~! 사소한 취미 하나가 당신의 일상에 활기를 불어넣을 수 있다.

다시 한 번 강조하지만, 취미는 취미일 뿐. 특기가 아니다. 완벽하게 잘할 필요 없다. 그냥 당신이 즐길 수 있을 정도만 하면 된다. 중요한 건 '꾸준하게 얼마나 오랫동안 하는가'다. 이왕이면 그 첫 단추를 군대에서 채우기를 권한다.

♬ 24시간 우우우 24시간
  24시간 우우우 24시간
  시간이 너무나 빨리 가
  아쉬워 아쉬워

□ 취미 만들기 관련 제목

무엇이든 즐기면 잘하게 된다. 처음부터 잘하려고 애쓰지 말자. 당신에게 즐거움을 주는 것들을 찾아서 적어보자. 그중에서 가장 접근하기 쉬운 것부터 하나씩 해보자. 시간이 많다면 도전의 의미가 있는 것으로 해보자.

1. _____

_____

2. _____

_____

3. _____

_____

4. _____

_____

5. _____

_____

도전, 분대장

넌 is 뭔들 (마마무)

"당신을 리더로 임명합니다."

복학 후 놓쳐서는 안 될 것. '팀플 조장이든 학과 대표든 한자리 차지하기.' 분명히 밝히건대, 이것은 당신의 권력욕을 부추기는 것이 아니다. 일종의 예행연습이다.

잠시 심각 모드.

전 세계가 저성장 국면에 처한 상황에서 좋은 일자리 찾기가 어렵다는 것을 잘 알 것이다. 예전에는 신입사원 교육을 통해 그리고 경험을 통해 조직에 필요한 인재를 양성할 수 있다고 여겼기 때문에 성적과 스펙이 당락의 기준이었다. 그러나 세상은 변했다. 당신의 경쟁자는 비슷한 조건을 가진 졸업예정자 또는 해당 연도 졸업자가 아니다. 이젠 수년의 경력을 가진 경력자도 포함된다. 이런! 신입사원들에게까지 추진력과 책임감을 요구하다니.

경력자들에게는 말 그대로 당신이 겪어보지 못한 처세의 여유와 업무에 대한 익숙함, 문제를 해결하거나 프로젝트를 성공해본 경험을 가지고 있다. 그들의 추진력과 책임감은 당신과 비교불가.

유도나 체조에서 낙법을 아는 것과 모르는 것은 하늘과 땅 차이다. 낙법만 제대로 배워도 심각한 부상은 피할 수 있다.

갑자기 웬 낙법? 당신의 추진력과 책임감은 조직생활의 낙법에 해당한다. 추진력과 책임감의 여부가 프로젝트의 성공을 결정짓는 중요한 요소로 작용한다는 의미다. 조직에서 어떤 프로젝트를 진행할 때는 그에 필요한 비용과 인력, 시간이 소요된다. 특히, 이익을 최우선으로 하는 기업에서는 비용 절감은 가장 큰 이점이다. 그런데 일이 서투른 건 차치하고라도 책임감도 추진력도 없는 사람을 프로젝트에 투입한다면? 시간만 흘러가고 결과물은 나오지 않고 속절없이 비용만 늘어갈 것이다.

지금처럼 경기불황이 지속되면, 신입사원 선발 인원은 대폭 축소된다. 일자리가 줄어드는 건 안타까운 일이기는 하나, 당신이 기업의 경영자라면 어떤 선택을 하겠는가. 기업의 가장 큰 고정비 항목인 인건비를 줄이거나 같은 값이면 일당백의 업무 능력을 가진 인재를 선발하지 않겠는가?

이제 정신이 바짝 드는가? 당신이 원하는 기업에 당신은 무엇을 보여줄 수 있는가? 성적, 스펙, 인성은 기본. 여기에 실력 있는 경력자들과 어깨를 나란히 할 만한 무언가를 보여줘야 한다. 당장 실력과 경험을 보여주는 건 어렵다. 그렇다면? Potential. 조금만 밀어주면 기업의 무서운 성장 동력이 될 당신의 잠재력. 그것을 증명하는 길은 추진력과 책임감을 보여주는 것이다.

추진력은 뒤꽁무니에서는 잘 드러나지 않는다. 앞에서 꿈쩍도 하지 않으면 아무리 뒤에서 밀어도 한 발짝도 나갈 수 없다. 힘으로 밀어붙인다 해도 다들 넘어져 뒤엉킬

뿐 조금도 나아갈 수 없다. 그러나 앞에서 끌어당기면 질질 끌고라도 나아갈 수 있다.

반면, 책임감은 프로젝트가 실패할 경우에 잘 드러난다. 책임감이 잘 발휘되면 실패에 대한 손실을 최소화할 수 있다. 기업이 왜 신입사원에게조차 추진력과 책임감을 요구하는지 잘 알겠는가?

그렇다면 당신의 추진력과 책임감은 어떻게 확인할 수 있을까? 그것은 리더의 경험에서 나온다. 당신은 리더의 경험이 얼마나 되는가. 한 번 해본 것으론 충분치 않다. 세상에는 별별 사람들이 다 있다. 리더로서 무사히 그들을 이끄는 건 쉽지 않다. 세상은 뜻대로 되지 않는 일들이 더 많기 때문이다.

'고기도 먹어본 사람이 먹을 줄 안다'고 기회가 될 때마다 리더의 역할을 수행해보자.

왠지 자신이 없다고?

리더라는 말 자체에 부담감을 느낀 탓일 게다. 선임병사 시절 사고 없이 사병들을 잘 이끌었다면 용기를 내볼 만하다. 아직 기회가 있다면 분대장에 도전해보자. 분대장은 내

무반에서 병사들과 숙식을 같이 하면서 모든 업무를 지휘하는 군 전투력의 근원이 되는 매우 중요한 직책이다. 아직 리더를 해본 경험이 없다면 첫 번째 기회로 삼아보자.

사회에서 이런 리더십을 경험하기 위해서는 최소 5년, 10여 명의 부하직원을 통제하는 직급에 오르려면 적어도 10년 정도는 걸린다. 햇수만 채운다고 리더의 경험을 할 수 있는 건 아니다. 조직으로부터 리더로서 인정받으려면 지금까지 강조한 추진력과 책임감을 아낌없이 보여줘야 한다.

누구나 처음은 서툴다.
'하면 된다', '할 수 있다'는 긍정적인 마인드로 리더에 도전해보자. 넌 is 뭔들 못하랴. 서툴던 애송이 시절이 지나고 리더의 능력을 갖춰가는 스스로에게 감격할 날이 반드시 올 것이다.

♬ Hey Mr
생각이 멋진 남자 바로 너
너어어어 아아아아

넌 *is* 뭘들 모든 게
넌 *is* 뭘들 완벽해

□ 당신을 리더로 선택해야 하는 이유

1. _____
2. _____
3. _____
4. _____
5. _____

□ 첫 번째 메모를 토대로 문장으로 만들어보자.

이것은 당신의 출사의 변이다. 설득력 있게 사람의 마음을 홀려보자.

_____
_____
_____
_____
_____

연등 제도 100% 활용법

Tonight (스피카)

부대마다 차이가 있지만 군대에는 '연등' 제도가 있다. 간부의 허락을 얻어 근무를 마치고 나서 밤에 공부를 할 수 있다. 하지만 졸린 눈을 비비고 책을 들여다보기란….

군생활이 아무리 편해졌다고 해도 사회와 비교하면 몸이 피곤하다. 일·이등병 시절에는 아무리 잠자리에 까다로운 이들도 등만 대면 곯아떨어진다. 특히 할 일도 배울 것도 외울 것도 많은 신병들에게 연등 제도는 그림의 떡!

당신은 제대를 얼마나 앞두고 있는가? 6개월 정도 남겨둔 고참이라면 연등 제도를 적극 활용하자.

모 대학 국문학과를 다니던 한 친구는 제대 날짜가 가까워지면서 남은 기간에 연등을 하기로 결심했다.

'그래, 자격증을 따야겠어.'

그는 목표는 정했는데 어떤 것을 공부해야 할지 고민됐다.

'사회에 나가 전공을 살리는 사람이 얼마나 된다고. 전공과 무관한 것을 공부하는 게 나을까?'

'그래도 배운 게 있는데, 전공을 살리는 게 더 유리하지 않을까?'

밤새 뒤척이며 고민하던 중 2주 후에 그의 부대가 속한 기관에서 KBS한국어능력시험을 실시한다는 것을 알게 됐다. 그는 '이거다' 싶어 간부에게 보고를 하고 시험 준비를 했다.

'첫술에 배부르랴.'

첫 시험에 그는 원하는 점수를 받지 못했다. 2개월 뒤에 한 번 더 시험 일정이 잡혀 있다는 것을 알고는 부모님께 교재를 보내달라고 부탁했다. 피곤한 날도 귀찮은 날도 있었지만, 시험 날짜가 정해졌는데 어떻게 게으름을 피우랴.

결국 그는 자격증과 함께 포상휴가를 얻어냈다. 게다가 그가 다니는 국문학과에서는 자격증으로 졸업논문을 대체

하는 제도가 생겼다고 했다. "야호!" 그는 쾌재를 불렀다.

연등 제도를 활용해 복학 후 해야 할 공부 또는 도움이 되는 공부를 미리 해두면, 이 친구처럼 운이 좋게도 한 번에 두 마리 세 마리의 토끼를 잡을 수 있다.

당신은 작심삼일형 인간이라고? 특별 처방을 내려주겠다.

1. '시험'에 응시할 수 있는 공부를 선택하라. 시험 날짜가 정해지면 좋든 싫든 책을 들여다보기 마련이다. 자격증이든 영어시험이든 동기부여가 되는 것을 공부하는 것이 중요하다.

2. 복학 후 학교생활에 보탬이 될 만한 공부를 하라. 그게 뭘까? 학교 홈페이지에 접속하거나 학과 사무실에 전화를 해보면 졸업논문을 대체할 자격증이나 졸업하기 위해 획득해야 할 영어 점수에 대해 알아볼 수 있다.

곧 복학인데, 학과 수업을 따라잡아야 하는데, 학교생활에 적응하다 보면 시험도 봐야 하고, 시험 몇 번 치르고 나면 졸업을 해야 하고 또 그러다 보면 취직도 해야 하는데….

무방비 상태로 복학을 했을 경우 단순 업무만 반복하다 굳어진 당신의 뇌에 과부하가 걸려 마비가 올 수도 있다.

냉동 인간도 아닌데 굳어진 머리로 무엇을 어떻게 해야 할지.

불행 중 다행인 것은 당신 스스로 그것을 인지하고 있다는 점이다. 복학까지는 아직 시간이 있으니 괜찮다고? 당신의 머리를 너무 믿지 마라. 냉동실에서 꺼낸 고기도 해동하려면 시간이 필요한 법. 연등 제도로 당신의 꽁꽁 얼어붙은 머리를 빠르고 효과적으로 해동하자.

머리가 팽팽 돌아가는 어린 후배들과의 경쟁에서 뒤처지지 않으려면, 눈앞에 놓인 기회를 놓치지 마라.

조금 피곤하겠지만, 당신에게 주어진 시간은 Tonight. 군대는 오늘도 당신에게 훌륭한 저녁식사를 차려준다. 당신은 숟가락을 들기만 하면 된다. 오늘밤을 소중히 하면 당신의 미래는 달라질 것이다.

♬ 저 멀리 밝게 빛나는 저 별빛
어깨를 두드리는 바람
모두 나를 비춰 다시 꿈을 꾸네

책 좀 읽었다고 공부를 한 건 아니야

통계청의 조사에 따르면, 우리의 국경을 철통방어하는 군인들이 일반인들보다 책을 더 많이 읽는다고 한다. 부대 내에 병영도서관이 있고, 군 장병 독서감상문 대회나 독서퀴즈 대회 수상으로 휴가를 나갈 수도 있기 때문에 생각 외로 군인들은 책을 많이 접하고 있다. 그렇다면 그들은 무슨 책을 즐겨 읽을까? 판타지 소설을 비롯해 일반 소설, 자기계발서, 유머 책 순으로 많이 읽는다. 이런 책들은 훗날 당신에게 어떤 도움이 될까?

책을 많이 읽음으로써 당신의 감성과 인성, 인생을 살아가는 지혜의 폭은 넓어졌을 것이다. 당최 이해되지 않던 세상의 이치도 조금 깨달았을 것이다. 더불어 사회 속에서 함께 어울려야 할 사람들에게 어떻게 다가가야 할지 감도 잡았겠지.

얼핏 닮아 보이지만 '독서'와 '공부'는 엄연히 다르다. 책 좀 읽었다고 '공부했다'고 할 수 없다. 의식적으로 외우려고 하지 않는 한 독서 뇌와 공부 뇌는 차이가 난다. 연등 시간에는 '공부'할 책을 펼쳐라. 독서만으로는 굳어진 머리를 풀기에 부족하다. 복학 후 첫 성적표를 받고 멘붕에 빠지지 않으려면 하루에 30분이라도 연등실에 앉아서 공부할 책을 들여다보자. 책을 편 지 채 10분도 안돼 졸음이 몰려와 고개를 떨어뜨리는 한이 있더라도.

□ 당장은 아니지만 언젠가 필요할 자격증

향후 취업에 도움이 될 만한 또는 졸업에 유리한 자격증이 있는지 알아보자. 토끼굴이 어디에 있는지 알아야 토끼를 잡지.

1. _____
2. _____
3. _____
4. _____
5. _____

□ 지금 읽고 있는 책에서 배운 것은 무엇?

마땅히 적을 게 없거나, 적고 보니 자격증 취득이나 시험에 도움이 되지 않는다면 그 책은 덮고 연등실에 가는 걸로.

1. _____
2. _____
3. _____
4. _____
5. _____

굳은 머리에는 병영도서관이 제격

Cheer Up (트와이스)

입대 전에는 PC방이나 술집이 내 집 같았다면 복학 후에는 도서관을 내 집 드나들듯이 해야 한다.

도서관 소리만 들어도 벌써 녹초가 된다고? 도서관만 가면 왜 그리 잠이 오는지 모르겠다고? 그래서 다른 친구들에게 민폐라고? 타인을 배려하는 마음은 가상하지만, 왜 도서관에 갈 때만 배려심이 발동하는지….

안 하던 짓을 하려니 얼마나 힘들겠는가. 그 마음 모르는 이 없을 것이다. 그래도 도서관에 가라.

해야 할 공부가 있는가? 도서관에 가라.

과제가 있는가? 도서관에 가라.

졸리고 피곤한가? 그래도 도서관에 가서 자라.

복학 후 공부에 집중할 수 있을지 스스로 의문이 든다면, 전역 전에 병영도서관을 이용해보자. 자대에 도서관이 없다면 연등실을 이용해도 무방하다. 10분, 20분, 30분 머무는 시간을 늘리다 보면 최소 2시간은 의자와 엉덩이가 혼연일체 되는 경험을 하게 될 것이다.

도서관은 당신도 어쩌지 못하는 에너지가 숨쉬는 공간이다. 당신이 도서관에서 머무는 동안 2가지 힘에 압도될 것이다. 이를 잘 이용하면 복학 후 학업이라는 중압감에서 해방될 수 있다.

첫 번째는 장소의 힘이다. 도서관은 그 자체로 '의무감'이 있다. 도서관은 심심풀이로 시간을 때우는 곳이 아니다. 도서관에 가면 공부를 해야 할 것 같다. 공부를 하지 않는다면 딱히 할 일도 없다. 이런 분위기는 당신의 약한 마음을 다잡아준다.

〈마음속 전쟁〉

자아1(바른생활 자아): 정신 차려! 벌써 약속을 잊은 거야! 복학하면 새 삶을 살자고 했잖아. 이번에는 학점 잘 받아야지. 포기하지 마!

자아2(쾌락(?)의 자아): 군대에서 고생 많이 했잖아. 드디어 해방됐는데 하고 싶은 거 다 하고 살아야지. 솔직히 말해봐. 지금 공부가 하고 싶어? 창밖을 봐. 날씨도 좋고, 젊음이 넘쳐나잖아. 일단 나가봐!

복학 후에는 당신의 상반된 자아들이 다투는 경우가 허다하다. 매일매일 시간마다 또는 눈을 뜨고 있는 모든 시간에 당신은 이랬다저랬다 왔다갔다…. 내적 갈등에 갈팡질팡 하는 갈대 같은 당신. 마음속에는 이전투구의 다툼이 벌어지고 있는데 집에서 공부를 한다고? 굉장히 비생산적인 결정이다. 집은 편안한 장소다. '에이, 잠깐 쉬었다 해야지' 하는 자아2가 마음을 점령하는 순간, 당신은 이미 침대에 누워 있다. 스마트폰과 함께. Cheer up baby, cheer up. 아무리 애를 써도 눈이 스르르 잠긴다고?

도서관은 어떤가? 옆에서 공부하는 친구들의 모습만 봐도 스스로를 채찍질하게 된다. '조금만 더, 조금만 더 하고

가야지' 하며, 시계를 들여다보고 주변의 다른 친구들을 둘러보게 된다. 낮에는 몰려오는 졸음에 공부를 하는 둥 마는 둥 했더라도 어둠이 창문 유리창에 당신의 모습을 비추는 시간이 되면 이상하게도 정신이 말똥말똥해지는 경험을 해본 적이 있을 것이다. 이것이 도서관의 힘이다.

과제가 있거나 시험이 있는 전날은 일부러 도서관에 늦게까지 남아 있다가 막차를 타고 귀가하거나 학교 주변에 사는 친구 집에서 자는 친구들이 있다. '한 시간만 자고 시작할까?', '게임 딱 한 판만 하고 다시 공부를 시작할까?' 하는 유혹에 넘어가기 쉬운 친구들은 이렇게 억지로라도 자신을 도서관에 못박아두는 게 좋다.

두 번째는 책의 힘이다. 2, 3학년에 복학하면 과제물의 질이 달라져야 한다. 교수님이 복학생의 과제물에서 기대하는 것은 자신의 주장에 대한 충분한 '근거'다. 즉, 논리적인 설득력을 요구한다. '참고문헌'의 정확한 기재와 함께 왜 이를 인용했는지를 명확히 해야 한다.

'다른 사람의 글 말고 오직 자신의 생각만을 적으시오'라는 전제가 따라오지 않는 이상 적절한 참고문헌은 많을수록 좋다. 참고문헌은 과제물 내용의 기반을 탄탄하게 해줄 뿐만 아니라 그 책들을 읽었거나 그 책들의 핵심 내용을 파악하고 있음을 대변할 수 있다. 누구에게? 당신의 과제를 평가하고 학점을 주는 교수님께.

참고문헌은 어디서 찾느냐고? 학교 도서관에서 늘 대기 중이다. 도서관 컴퓨터에 관련 주제어를 검색해보라. 많은 책들과 논문들의 목록이 화면을 가득 채울 것이다. 참고문헌을 정독할 필요는 없다. 목차에서 관련 부분을 빠르게 스캔한 뒤 필요한 부분만 뽑아 쓰면 된다.

그래도 도서관은 왠지 가까이 하기엔 너무 멀다고? 그렇다면 스터디카페를 이용해보자. 도서관보다는 편안한 분위기에서 열공할 수 있는 카페가 학교 근처에 많이 생겼으니까. 카페의 창밖을 지나는 사람들이 당신을 우등생으로 볼 것이라는 자뻑에 더 신나게 공부할 수 있을 것이다.

♬ Cheer up baby
　Cheer up baby
　좀 더 힘을 내

말년병장
복학작전

D-150

19 명함 관리, 뭣이 중헌디? 신세계
상승하는 비호감 지수 레옹 (이유갓
내 삭제하기 썸 (소유, 정기고) 작전
) 작전13 주량을 믿지 마라 OOH-
생일은 최고의 휴가 타이밍 하늘바
물대에 넣어둬 너밖에 몰라 (효린)

인맥 통장 만들기

루팡 (카라)

인맥을 구축할 때 이것만은 조심하자.

'끼리끼리'

입대 전의 대인관계와 상관없이 전역 후에는 다양한 사람들을 만나야 한다.

친한 사람끼리만 어울리면, 그 인맥은 더는 뻗어나가지 못한다. 물론 우정은 깊어지겠지만 말이다.

예언자처럼 당신에게 일어날 일 하나를 콕 짚어주겠다. 당신의 머릿속에는 '성공'이라는 단어가 똬리를 틀었다가 이따금 불쑥불쑥 고개를 내밀 것이다. 그때마다 당신은 인맥 통장의 잔고를 확인하게 될 것이다.

당신의 인맥 통장에는 얼마나 잔고가 있는가? 어렴풋하게나마 성공에 대해 동경하고 있다면, 그래서 당장 스펙을 쌓기 위해 고군분투하고 있다면, 우수한 성적으로 졸업해 원하던 기업에 입사하기를 바란다면, 당신은 인맥 통장의 잔고를 늘려가야 한다.

다만, 저축 통장은 부모님께 용돈을 받거나 아르바이트를 해서 예금을 하면 된다지만, 인맥 통장은 어떻게 해야 하나?

크게 고심할 필요가 없다. 대부분 해답은 가까운 곳에 있는 법. 당신이 속한 학과, 동아리, 다른 학과, 다른 학교 사람들은 어떤가? 외국어 학원이나 각종 자격증을 따기 위한 학원, 헬스클럽은? 또는 당신이 관심을 갖고 있는 분야의 관련 단체는?

스펙 쌓을 시간도 모자란데 대외활동은 언감생심이라고? 요즘 같은 경쟁시대에 스펙은 당연히 챙겨야지. 하지만 의학이 발달하면서 평균수명이 늘어난 탓에 오랫동안 일을 해서 돈을 벌어야 하는 마당에 멀리 내다봐야 하지 않겠는가.

성공은 어찌 보면 생명 탄생의 과정과 비슷하다. 수 억 마리의 정자들이 단 하나의 난자를 향해 폭풍과도 같은 질주를 하고, 끝내 단 하나의 정자만이 난자의 막을 뚫고 수정에 성공하는 것처럼(물론 쌍둥이도 있다).

어쨌든 당신은 단 하나의 정자가 '성공'한 결과물이다.

다행히 당신의 경쟁자는 정자들처럼 많지는 않다. 당신의 목표에 오를 수 있는 길이 예상보다 좁지 않을 수 있다. 미리 예단하지 말고 희망을 가져라.

마라톤에는 페이스메이커가 있다. 페이스메이커란, 중·장거리 경주에서 선수의 능력보다 빠른 페이스로 또는 선수의 목표가 될 만한 스피드로 선수를 유도하거나 앞질러 가는 러너를 말한다. 당신은 경쟁자들을 페이스메이커로 만들어야 한다. 당신의 완주를 가장 효과적으로 도울 수 있는 이들이기 때문이다. 특히 그들은 금방이라도 쓰러질 것 같은 당신이 에너지를 쏟아내도록 돕는다. 당신이 포기하지 않고 스스로 독려하도록 자극을 준다.

내 사전에 포기란 없다!

함부로 장담하지 말 것. 인생을 살면서 한 번쯤 극한의 스포츠라 불리는 마라톤을 달리겠지. 그러나 그것이 한 번이면 참 좋으련만. 아마도 당신은 몇 번이고 달려야 할 것이다. 그때마다 불굴의 정신력을 발휘하기는 쉽지 않다. 하지만 당신의 경쟁자가 페이스메이커가 된다면?

절대 뒤쳐지지 않을 거야!

그러나 친구들이 당신과 함께 달린다면?

"야, 이번엔 나한테 양보해", "이 형님이 먼저 가서 기다릴게. 쉬엄쉬엄 해라"며 당신의 포기를 부추기거나 "네가 나보다 더 열심히 했으니 네가 먼저 가는 게 맞아", "친구끼리 뭐 하는 짓이냐, 난 포기하련다"며 더는 당신이 뛰어야 할 이유마저 사라지게 할 수 있다.

물론 친구 간의 선의의 경쟁도 가능하다. 그러나 오랜 시간 지치지 않고 달리려면 마음속에서 일어나는 온갖 의문과 회의와 번뇌를 잠재울 냉정함이 필요하다. 이를 위해 페이스메이커가 필요한 것 아닌가.

　20대에 차곡차곡 저축해둔 인맥 통장은 10년 20년 이후 어떻게 변할지 아무도 모른다. 이자를 미리 추산할 수 있는 저축 통장과 달리, 시간이 지날수록 사람이 만들어내는 가치는 상상을 초월한다. 그들이 지닌 가치와 잠재력은 아무도 알 수 없기 때문이다.

　당신의 완주를 도와줄 페이스메이커가 누가 될지 궁금하지 않은가. 오늘부터 뤼팽이 되어 그들을 찾아 나서보자.

　　♬ 높이 올라 가 (Ye Ye Ye)
　　　세상을 다 가져 봐 (Ye Ye Ye)
　　　Never Back It Up Back It It Up (it it Up)
　　　Never Turn It Up Turn It It Up (it it Up)

최고의 자산은 사람 통장

《20대에는 사람을 쫓고 30대에는 일에 미쳐라》의 저자
가 말하는 '득'이 되는 사람과 '독'이 되는 사람의 몇 가
지 구별법을 소개한다.

- 첫인상이 전부는 아니다, 사계절을 겪어볼 것.
- 긍정에너지가 넘치는 사람을 쫓을 것.
- 꿈꾸고 도전하는 사람을 가까이할 것.
- 다른 사람에게 피해를 주는 사람은 만나지 말 것.

□ 인맥 통장의 잔고 체크하기

1. _____

_____

2. _____

_____

3. _____

_____

4. _____

_____

5. _____

_____

명함 관리, 뭣이 중헌디?

신세계 (브라운아이드걸스)

학교라는 방어막이 걷히고 나면 당신은 사회인이 된다. 때로 지능이나 정신은 회귀할 수 있으나 졸업장을 물리고 여전히 학생으로 지낼 수는 없다. 또다시 수능을 보든가, 대학에 엄청난 기부금을 내고 명예 학생증을 사면 모를까.

겉으로는 평온해보이지만, 맹수가 우글대는 정글 같은 사회. 과거와 현실 그리고 미래가 뒤섞인 과도기의 신세계. 어떻게 하면 맹수에게 잡혀 먹히지 않고 푸른 하늘 밑에서 넓은 초원을 뛰어다닐 수 있을까?

대개 졸업 전이나 졸업하자마자 각 기업에 이력서를 넣

고 면접을 보러 다닌다. 나라의 녹을 받기를 원한다면 공무원 준비를 할 것이고, 전공 관련 여부와 상관없이 전문성을 더 획득하려 한다면 자격증 시험을 준비할 것이다. 또는 인턴이나 공모전 등 다양한 대외활동을 하면서 사회인으로 살아남기 위한 노력을 할 것이다. 이 와중에 당신의 손에 들어오는 것이 있다. 바로 명함이다.

여기에서도 인맥 관리의 중요성이 드러난다. 당신이 보고 있는 명함의 주인공이 언젠가 당신에게 도움을 줄 사람일 수도 있다는 것. 물론 당신이 아무 데나 던져둔 명함처럼 전혀 도움이 되지 않을 수 있다. 그러나 명함의 위력은 무시해서는 안 된다.

명함에 어떤 것들이 담겨 있는가?
작은 종잇조각이지만, 그 안에는 특정 인물의 핵심 정보가 담겨 있다. 이름과 연락처는 물론이고 직업과 직책 등이 있다. 과연 이 정보들은 당신에게 유용할까?
한대규 전 인재개발원 책임교수는 "100장의 명함이 100명의 인맥을 만든다"라고 했다.
그가 2015년 10월 14일 자《전기신문》에서 밝힌 명함

관리법을 살펴보자.

"첫째, 명함은 상대의 제2 얼굴임을 명심하라. 일단 명함을 받으면 이름과 얼굴을 매칭할 수 있는 특징을 찾아야 한다. 연상기억법인데 다음에 만날 때 이름 석 자를 불러주면 상대는 매우 친근감을 느낀다.

둘째, 명함을 인맥 노트화하라. 대부분의 사람들은 명함을 받으면 우표 수집하듯 명함첩에 정리만 하는 경우가 태반이다. 이렇게 수집한 명함은 상대와 일회성 만남으로 끝난다. 명함 여백에 만난 날짜와 장소, 대화 내용, 인상, 관심사 등을 간략하게 기록해두면 많은 정보를 바탕으로 관계를 지속할 수 있다.

셋째, 명함첩을 그룹핑하라. 예를 들어 A그룹은 업무든 비즈니스든 직접적으로 연관되어 있어서 자주 연락해야 하는 그룹, B그룹은 직접적 연관성은 떨어지나 향후 포석으로 연락해야 하는 그룹, C그룹은 거의 연락할 일이 없는 그룹으로 정리한다. A와 B그룹은 주기적으로 연락을 하면서 오프라인 만남으로 유도하여 신뢰를 쌓아나가는 자세가 중요하다."

그리고 그는 명함에 대해 이렇게 정리했다.

"명함名銜은 명암明暗이다. 잘 관리하면 밝은 길明로 인도

하고 소홀히 하면 어두운 길暗로 안내하기 때문이다."

♫ 착각이 아닌 거야
　내가 달라진 건 패러다임뿐
　한 차원 전의
　나를 볼 수 있는 건 패러다임 *shift*

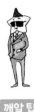

명함을 주고받을 때

당신이 어떤 회사에 속하여 인턴이나 대외활동을 할 경우, 명함을 주고 받게 될 것이다. 사람 간에도 예절이 있듯, 명함에도 예절이 있다.

1. 자신이 잘 알고 안전하게 보관할 수 있는 곳에 명함을 챙긴다. 가방 안이나 겉옷 안주머니 같은 곳이 적정하다. 명함을 교환할 때 상대방을 기다리지 않게 한다.

2. 사람들에게 건넬 만큼만 챙긴다.

3. 명함을 건넬 때는 자신의 이름이 상대방에게 똑바로 보이게 한다.

4. 명함을 공손하게 먼저 건넨다. 낮은 사람이 먼저 높은 사람에게 드리는 것이 예의다.

5. 구겨지지 않은 명함을 건넨다.

6. 명함을 받으면 3~5초 정도 지그시 바라본 후 한쪽에 잘 놔둔다. 받자마자 지갑에 넣는 것은 결례다.

□ 개성 넘치는 명함 만들기

명함은 당신의 브랜드 가치를 올려줄 작지만 큰 홍보 매체다. 얼핏 봐도 당신을 떠올릴 수 있는 명함을 디자인해보자.

앞면

뒷면

아재개그에 상승하는 비호감 지수

레옹 (이유갓지않은이유)

웃. 음. 사. 망. 꾼.

자신만의 콘텐츠로 순위경쟁을 펼치는 1인 인터넷 방송 〈마이 리틀 텔레비전〉에 출연한 어느 개그맨에게 붙여진 별명이다. 그는 온몸을 불사르며 네티즌들을 웃기려 애를 썼지만 끝내 이런 굴욕을 맛보았다.

캠퍼스에도 웃음사망꾼들이 있다. 그들 중 다수는 복학 생들. 무표정과 다, 나, 까로 일관하며 각을 잡고 지내야 했던 2년. 그들에게 유머와 위트가 실종된 지 오래다. 하지만 이제 곧 민간인이 될 테니 묻어뒀던 웃음보따리를 꺼

널 타이밍이라고?

웃음에도 유행이 있다. 복학생들이여, 무리수를 두지 마라. 의욕이 지나치면 화를 부른다. 당신이 뒤쳐진 것은 학과 수업만이 아니다. 당신의 철 지난 웃음 코드는 많은 이들을 부끄럽게 만들 수 있다.

옳지 않아!

특히 여자 후배들 앞에서 말장난식 아재 개그를 조심하라. 여자들은 군대 이야기만큼이나 아재 개그를 싫어한다. 내무반에서는 통했던 웃음이 캠퍼스에서는 통하지 않을 확률이 99.9%다. 남자들끼리 있다 보니 과격한 언어나 저질(?) 애드립에 자신도 모르게 물들었을 가능성이 높다. 오해를 부를 소재는 애초에 꺼내지도 마라.

유머 감각은 무척 부러운 재주다. 사람들과 친해지는 데 가장 좋은 건 웃음이 아니던가. 하지만 아무나 유머 감각을 가질 수 없다. 각고의 노력으로 유머 감각을 키울 수는 있겠지만 이 또한 아무나 누릴 수 있는 게 아니다. 눈물을 흘리는 마틸다를 웃게 하기 위해 무리수를 던지는 레옹이 되어서는 안 된다.

천성적으로 웃기는 데 소질이 없는 사람이 훨씬 많다. 그렇다면 어떻게 해야 할까? 웃기는 주체에서 웃음의 객체가 되라. 즉, '웃기기' 대신 '웃기'를 택하는 것이다.

사실 제일 힘든 유형의 사람은 유머 감각이 없어 말을 진중하게 하는 사람이 아니다. 유머 감각은 없으면서 자신은 재미있다고 생각해서 끝없이 이야기하는 사람이다. 함께 있으면 정말 피곤하다.

세상 사람들이 다 유머를 잘 구사할 필요가 없다. 웃어주는 사람도 필요하다. TV를 보면 패널 중 리액션이 유난히 풍부한 사람이 있다. 별로 재미 없는 이야기도 리액션이 좋은 사람 옆에 있으면 따라 웃게 된다. 즉 잘 웃기는 사람 이상으로 잘 웃는 사람도 필요하다.

♬ 왜 그렇게 무뚝뚝하나요
상냥하게 좀 해줄래요, ma 레옹?
나도 어디서 꿀리진 않아
내 Choice는 틀리지 않아
I'm 마, 마틸다 I'm 마, 마 마틸다

□ 굳이 누군가를 웃기고 싶다면

적어라. 그리고 소리 내어 읽어봐라. 그래도 웃기고 싶은가? 무리수는 두지 말자.

_____

_____

_____

_____

_____

_____

_____

_____

_____

_____

버킷 리스트에서 연애 삭제하기

썸 (소유, 정기고)

군대에서는 여자친구 아니 여자사람친구의 편지만 받아도 온종일 기분이 날아갈 듯하다. 비록 TV에 갇혀 있지만 여배우나 걸그룹 들의 미소는 당신을 향하는 것 같다. 그들의 사소한 말 한 마디도 가벼이 흘려들을 수 없다.

이제 그만 침 닦고 현실로 돌아오자.

복학만 하면 여자친구를 사귈 것이라고 호언장담하는 허언증 환자들이 부대에 수두룩하다. 그녀와 손을 잡고 거니는 캠퍼스. 상상만 해도 흐뭇하다.

레드썬.

아직도 현실에 적응하지 못한 거야? 어쩌면 좋니, 너를….

대학 1, 2학년 때 입대하면 보통 23, 24살이면 전역을 한다. 군대에서 군장 뺑뺑이에 잦은 삽질로 손가락 들어 올릴 힘까지 다 써도 혈기는 여전히 왕성할 나이. 그 혈기를 어디에 쓰면 좋고? 대부분 연애에 목숨을 건다. 당신 또한 전역 후 버킷 리스트에 '여자친구 만들기'를 올려놓지 않았는가? 그것도 1순위로.

미안하다. 몇 번이고 당신의 환상을 산산이 부숴버리다 못해, 어쩌면 유일할지 모르는 행복까지 깨버리다니. 복학하고 한두 학기가 지날 때까지만 참자. 당장은 연애보다 더 중요한 게 있다.

그것이 뭐냐고?

복학하자마자 연애를 시작했다고 하자. 이제 밥은 누구랑 먹는가? 공강 시간에는 누구와 함께하는가? 물어보나 마나한 질문. 언제 어디서나 그녀와 함께하겠지. 처음에는 달콤한 설탕 시럽에 빠져 있는 기분이 들 것이다. 매연이 가득한 시내의 공기마저도 달달할 테지. 하지만 이내 친구와 동기들의 말이 귀에 들려올 것이다.

"여친 생기더니 불러도 안 나와."

"여친 만나느라 정신없이 바쁜 놈."

미안한 마음에 이번에는 친구들을 챙긴다고 치자. 늦게까지 술 마시고 전화를 걸어도 잘 받지 않는 당신, 자신을 뒷전으로 미뤄두고 친구만 챙기는 당신을 그녀는 언제까지 참아줄까?

'아차차, 여친의 서운함을 달래줘야지.'

이런 일도 한두 번, 중간에 끼여 이러지도 저러지도 못하다가 당신은 분명 양자선택을 해야 할 날이 올 것이다. 아니면 둘 다 포기하고 스펙을 쌓기 위한 또는 취업을 위한 절체절명의 선택을 할지도 모른다.

무슨 말도 안 되는 소리냐고? 당신의 여친은 당신을 잘 이해해준다고?

어림 반 푼어치도 없는 소리! 지금까지 연애를 한 번도 안 한 거야? 연애하면서 친구 문제로 싸우는 커플이 얼마나 많은데.

친구들도 연애를 하기 때문에 큰 문제가 되지 않는다고? 세상에 반은 여자니까, 당신을 더 이해해주는 여친을 만나면 된다고?

그래, 여친과 헤어지고 그동안 등한시하던 친구들에게 다시 연락하면 되지. 과연 그들은 당신을 반가워할까? 사랑에 빠지면 우정은 돌아보지도 않던 당신에게 누가 마음의 문을 활짝 열까? 새 친구? 좋지. 하지만 당신의 조력자로 삼기에는 그들에 대해 아는 것이 너무 부족하다.

여차하면 당신은 낙동강 오리알 신세. 좁아질 때로 좁아진 인간관계를 어찌한단 말인가.

이제 연애를 미뤄야 하는 이유를 알겠는가? 핑크빛 캠퍼스가 잿빛으로 변하는 것은 순식간이다. 복학하자마자 '연애'보다는 '적응'이 우선이다. 서로 돕는 조력자도 찾고 선배들에게 눈도장도 찍고. 그러고 나서 반쪽을 찾아라.

말년병장님들아, 전역하기 전에 명심하자. 여자 후배의 친절은 도의 또는 예의를 갖춘 행동이다. 실제로 여자 후배의 살가운 말 한마디를 관심으로 여기는 복학생들이 있다. 그야말로 썸을 타는 것이다, 당신 홀로. 떡 줄 사람은 생각도 하지 않는데 혼자 김칫국을 마시는 복학생들의 모습을 보노라면 가슴이 미어진다.

"우리는 밤까지 메신저로 대화하는 사이"라고 반박하는

사람도 있다. 사실 메신저 대화는 생각보다 큰 의미가 없는 경우가 많다. 간혹 스스로 매력적이라고 여기는 몇몇 여자들은 그런 애매모호한 관계를 즐기기도 한다.

일상적인 메신저 대화나 단 둘이 함께한 한 끼의 식사를 크게 부풀려 해석하지 않기를. 풍선을 크게 분다고 좋은 게 아니다. 어느 순간 뻥하고 터지면 당신의 가슴만 갈기갈기 찢어진다. 총 맞은 것처럼 가쁜 숨을 몰아쉬며 당신에게 미소를 날리던 후배를 원망해봤자, 괴로운 건 당신 몫.

여자 후배가 당신을 만나고 당신의 메시지에 답을 하는 것은 '선배가 싫지는 않다'라는 뜻일 경우가 많다. "오빠 좋아해요"라는 말을 그녀의 목소리로 직접 듣기 전까지 그녀는 당신을 이성으로 좋아하는 것이 아니다.

♬ 연인인 듯 연인 아닌 연인 같은 너
　 나만 볼 듯 애매하게 날 대하는 너
　 때론 친구 같다는 말이
　 괜히 요즘 난 듣기 싫어졌어

모닝콜은 모닝콜일 뿐

여자 후배에게 부탁해서 받은 모닝콜에 설레지 말자. 이는 단순 친절의 범주에 속할 확률이 높다.

한국말은 끝까지 들어봐야 한다. 아니, 끝까지 들어봐도 아리송하다. 여자들의 언어는 남자들의 것과는 조금 다르기 때문이다. 때로 그녀들은 침묵과 웃음 속에 속말을 남겨두고 '착' 하면 '척' 알아듣기를 바란다.

예를 들어 그녀가 "약속이 밀려서 시간이 안날 것 같아요", "아이, 오빠 왜 그러세요ㅎㅎ" 같은 말을 한다면? 그동안 그녀에 대해 그려왔던 상상을 반쯤은 지워야 한다. "지금 뭐 해?"라는 당신의 메시지에 어떠한 응답도 받지 못하다가 다음 날 쥐도 새도 모르게 숫자 1이 사라진다면? 적어도 지금은 당신을 남자로 마음에 두고 있지 않다는 뜻이다. 여자들은 왜 남자의 순정을 함부로 짓밟느냐고 묻고 싶은가? 순정? 그것은 당신만의 생각일 뿐. 그녀들에게 당신은 치근대는 남자로 보일 뿐이다.

□ 전역 후 하늘이 두 쪽이 나도 하고 싶은 일

1. _____

2. _____

3. _____

4. _____

5. _____

□ 연애를 못하면 상상이라도

언젠가 만나게 될 꿈속의 그녀, 당신만의 이상형 기준을 적어보자.

1. _____

2. _____

3. _____

4. _____

5. _____

자나 깨나 입조심

NoNoNo (에이핑크)

대학 내에도 찌라시나 '카더라' 통신이 존재한다.

복학을 앞둔 K는 재학생 몇 명을 불러 자취방에서 간단한 술자리를 벌였다. 이런저런 이야기가 오가던 중에 시간이 늦어 모두들 집으로 가고 S와 둘만 남았다. K는 술김에 비밀을 털어놓았다. 며칠 후 K는 화가 몹시 났다. 복학하기도 전인데 벌써 소문이 돌고 돌아 자신의 귀에 들어왔다는 사실에 황당했다. 그것도 부풀려질 대로 부풀려진 상태로. 충격과 배신감에 온몸이 떨려왔다. 그는 S에게 전화를 걸었다.

"널 믿고 말했는데 실망이다."

그 뒤는 상상에 맡기겠다. 그런데 소문을 내는 근원지와 소문의 원인 제공자 중 누가 더 타격을 받을까?

전자가 죄인이다.

친해지려고, 분위기 한번 띄워보려고 친구의 비밀을 안주로 삼지 말자. 당장은 당신의 이야기에 맞장구를 치며 당신의 흥을 돋웠을지 모른다. 그러나 그 자리를 파한 후 그들은 곧 태도를 바꿀 것이다. 비밀 누설에 무감각한 당신과 거리를 두기 시작한다. 언제 어디서 자신의 이야기를 또 다른 누군가에게 폭포수처럼 쏟아낼지 모른다는 불안감에. 혹시나 예전에 당신에게 비밀을 말했을지도 모른다는 찜찜함에.

당신은 친구에게 제3자의 비밀을 대수롭지 않게 이야기하는 유형인가? 대답이 망설여진다면 앞으로 조심하길 바란다. 소문은 또 다른 소문을 만들고, 여러 사람을 거치면서 눈덩이처럼 살이 붙는다. 몇 명을 돌고 돌아 드라마 한 편 찍을 만큼 또는 삼류 소설이 되어 버리는 것이 소문이다. 촉새 이미지로 캠퍼스생활을 하고 싶지 않다면 입단속을 하자.

상대방이 비밀을 털어놓는다는 것은 당신을 믿는다는 증표다. 그 비밀의 가볍고 무거움은 당신이 판단할 일이 아니다.

손을 내민 친구의 발등을 찍는 행동은 절대, No No No! 제발~

누군가의 비밀을 여기저기 발설하고 다니면 친구들은 추풍낙엽 떨어지듯 당신 곁에서 광속도로 멀어질 것이다.

설마? 확인하고 싶다면 입 싼 촉새로 하루만 살아보라. 한 달도 채 안 되어 당신은 학교에 가고 싶지 않아질 것이다.

말은 그 사람의 인격이다!

♬ 슬퍼하지 마 No No No 혼자가 아냐 No No No
언제나나나 내게 항상 빛이 돼준 그대
내 손을 잡아요 이제 지금 다가와 기대
언제나 힘이 돼줄게

□ **발 없는 말이 천리를 간다!**

입이 근질근질해서 참을 수 없다면 여기에 비밀을 적어라.
그리고 보안 유지를 위해 곧장 이 페이지를 찢어라.

_____

_____

_____

_____

_____

_____

작전13

주량을 믿지 마라

OOH-AHH하게 (트와이스)

기-승-전-술酒

우리나라는 사람들이 모였다 하면 어김없이 술판이 벌어진다. 그래서인지 술로 인한 사건 사고 소식이 끊이지 않는다. 대학도 예외는 아니다.

수줍은 성격의 한 복학생이 복학생 환영회에 참석했다. 기왕 모임에 참석했으니 서먹한 교우 관계를 청산하고 싶었다. 맨 정신으로는 도저히 입을 뗄 용기가 나지 않았던 그는 술의 힘을 빌리기로 했다.

호기롭게 마시기 시작한 술은 한 잔이 두 잔이 되고, 소주병은 쌓여만 가고. 급기야는 술이 술을 마시는 지경에

이르렀다.

만. 취. 상. 태.

머리 꼭대기까지 술에 취하자 그는 위험 수위를 넘나드는 농담과 행동으로 주변을 아연질색하게 만들었다. 함께 웃고 떠들던 사람들은 서로 눈치를 보기 시작했다. 그의 내면에 잠자고 있던 멍멍이 근성이 드러나고 말았다. 지나가는 행인에게 이유 없이 시비를 거는가 하면 거침없이 욕설을 내뱉었다.

다음 날 그는 영화의 필름을 날카로운 가위로 냉큼 잘라낸 것처럼 기억의 일부가 사라졌다는 것을 알았다. 그는 친구들에게 잃어버린 기억의 일부를 되찾을 수 있었다. 그러나 듣지 아니함만 못했다. 어디 개구멍이라도 찾아서 숨고 싶었다.

지킬 박사와 하이드 씨도 아니고. 수줍은 샌님과 술 마신 미친개라니.

전역하고 나면 술 마실 기회가 자주 발생한다. 많은 지인들이 2년 동안 몸에 밴 당신의 군대 냄새를 알코올로 소독시켜주려고 할 것이다. 물론 술 좋아하는 복학생들에게는 엄청 반가운 소리. 그러나 그런 기회들을 냉큼 움켜쥐기 전에 자신의 주량 체크는 필수다. 아무리 말술로 마신다는 주당이라 해도 갑작스레 또는 연달아 들이붓는 알코올을 감당하기는 힘들다. 군대에 있는 동안 강제 금주를 한 셈이니까. 이따금 휴가 나와서 밤새 마신 적이 있다 해도 입대 전과 비교하면 10분의 1에도 미치지 못하는 양이다. 예전의 주량을 믿고 방심해서는 안 된다.

못된 술버릇은 여든까지 간다. '에이~ 사람이 실수할 수도 있지' 할 문제가 아니다. 한 번이 두 번 되고 두 번이 세 번 된다. 나쁜 버릇은 갈수록 심해질지언정 나아지는 법이 없다. 정신 바짝 차려야 한다. 반복되는 개망신은 결국 주폭酒暴에 이른다. 아차! 하는 사이 인생 훅 간다.

술 잘 마시는 사람이 호탕해 보여서 부럽다고? 술의 힘이라도 빌려서 수줍음과 낯가림을 버리고 싶다고? 아서라!

주량이 소주 한 잔인 사람은 발이 좁고, 말술을 마시는 사람은 발이 넓다는 등식은 성립하지 않는다. 술자리에서 알딸딸한 기분이 들면 OOH-AHH하게 다음을 기약하자. 한계치의 반 정도 되면 기분 좋게 술잔을 내려놓자.

술이 대인관계에 윤활유 역할을 할지 독이 될지는 오롯이 당신에게 달려 있다.

♫ 나 때문에 다 힘들죠
어딜 걷고 있어도
빨간 바닥인거죠
Red carpet 같은 기분

명절이나 생일은 최고의 휴가 타이밍

하늘바라기 (정은지)

　H에게는 군대에 오기 전 2년 동안 사귀던 여자친구가 있었다. 거의 매일 여자친구에게 전화를 하고 부모님께도 자주 안부전화를 하다 보니 통화비가 만만치 않았다. 게다가 그는 동기나 후임 들과 PX에서 군것질하는 것을 좋아했다. 그는 월급날이 되기도 전에 주머니가 텅 비기 일쑤였다. 누구처럼 돈을 모으기는커녕 군대에 오기 전에 모아둔 돈을 쓰거나, 번번이 부모님께 손을 벌리기도 했다.

　그래도 부대에서는 월급으로 그럭저럭 해결할 수 있었다. 그런데 휴가 때가 문제였다. 놀러가고 싶은 곳은 많고, 먹고 싶은 것은 지천에 널려 있었다. 지갑이 가난한 군인

신분이라는 게 너무나도 서러웠다.

당신도 아마 이런 상황에 처했을 수 있다. 군인에게 고정 수입이라고는 쥐꼬리만 한 월급뿐이지 않은가. 휴가 나올 때마다 친구들에게 빌붙거나 가족에게 금전을 요구할 수도 없는 노릇이고. 빈 지갑만큼 어깨가 점점 처지는 일 없이 당당한 군인으로 산다는 건 정녕 불가능한 일일까?

모든 일에는 타이밍이 있다. 돈 나올 구멍을 찾아 빈 지갑을 뒤질 일 없이 군인 신분으로 넉넉한 휴가를 즐길 수 있다. 전략적으로 '특별한 날', 다시 말해 '명절'이나 '생일'에 휴가를 나가는 것이다.

명절에 군인을 바라보는 집안 어른들의 태도는 평소와 사뭇 다르다. 일 년에 한두 번 본다는 사실은 똑같은데 군인이 됐다는 것에 안쓰러운 시선을 보내는 것이다. 그러다가 "어이구, 고생이 많지", "요새 군대 사고가 많다던데. 괜찮아?", "불쌍한 놈!" 같은 위로 섞인 말을 던질 때가 있다. 이때를 절대 놓치지 마라.

"배고픈 게 제일 서러워요. 월급으로는 PX 한 번 가기도 겁난다니까요."

예비 복학생인 나는...

이때 친척 어른들의 지갑이 가장 잘 열린다. 특히 군대 경험이 있는 어른들은 "이 돈으로 맛있는 것 사먹어라"라며 용돈을 쥐어줄 것이다.

생일도 마찬가지다. 평소에 부대에서 돈이 필요하다고 전화를 하면 잔소리부터 하던 부모님도 아들의 생일에는 군말 없이 용돈을 내준다. 휴가 나올 때는 귀찮기도 하고 마냥 꼴 보기도 싫은 아들이지만, 배불러 힘들게 낳은 아들의 생일인데 어느 부모가 모른척하고 넘어갈까. 아들바라기 아닌 부모가 어디 있겠는가. 한편 하늘바라기 아닌 자식이 어디 있겠는가. 이것이 부모와 자식 간의 천륜이다.

얌체, 찌질이라고?

"엄마, 돈 보내줘!", "휴가 때 친구들하고 놀기로 했으니까 용돈 좀 주세요"라고 당당한 자세로 부모님에게 손을 벌리는 사람이야말로 찌질이다. 명절이나 생일이라는 최소한의 명분이라도 갖고 그 기회를 활용하는 게 뭐 그리 욕먹을 짓이라고. 돈을 주는 사람과 받는 사람 모두 기분 좋은 상황인데. 내리사랑이라고, 군대라는 공감대로 베푼 사랑을 받았을 뿐인데.

당신의 '특별한 날'에 무조건 용돈을 타내라는 것이 아니다. 이왕 휴가를 나갈 때 집안 어른을 뵙는 것은 좋은 일이고, 나아가 약간의 애교와 동정심 유발을 섞어 자발적인 용돈 수여식을 이끌어낼 수 있다면 금상첨화가 아닌가.

단, 공돈이라고 여겨 펑펑 쓰지는 말자. 가엽게 여겨 용돈이라는 형태로 관심과 사랑을 준 어른들의 마음을 순간의 쾌락만을 위해 사용하는 것은 배신행위다.

막상 전역을 하게 되면 돈 쓸 곳도 많고, 물가도 어마어마하게 비싸다. 그럴 때 어른들이 준 용돈이 도움이 되었다는 것을 그들이 알게 되면 무척 뿌듯해할 것이다.

용돈을 준 사람도 받은 사람도 윈윈하는 전략이 되길 바란다.

♬ 가장 큰 하늘이 있잖아
　그대가 내 하늘이잖아
　후회 없는 삶들
　가난했던 추억
　난 행복했다

군대 무용담은 관물대에 넣어둬

너밖에 몰라 (효린)

전역을 계급장처럼 여기고 허세를 부리는 복학생들이 간혹 있다. 아직 군대에 안 간 남자 후배들을 만나면 신이 난다.

"너 언제 군대가?"
"다음 학기 마치고요."
"그래? 얼마 안 남았네. 훈련소에서는 ○ ○ ○ 등을 명심해야 하고 자대 배치를 받은 후에는 △△△ 등을 조심해야 해."
"형, 좋은 정보 감사해요."

"야, 근데 군대 생활 진짜 힘들어."

그러면서 소위 '왕년에' 시리즈로 주제를 옮긴다. 이등병 때 라면을 몰래 훔쳐 먹었다, 생활관에서 라x떼를 먹다 혼났다, 일과에서 빠진 후 짱 박혀 있었다는 둥 아마도 복학생이라는 이름으로 숨도 쉬지 않고 군대 이야기를 늘어놓을 것이다. 후배의 수업 따위는 안중에도 없이.

돌이켜보자. 전역 복학생이 주구장창 군대 이야기만 했을 때 당신 기분이 어땠는지.

역지사지易地思之.

당신이 싫은 건 후배에게도 하지 말자. 사골국도 아니고 그 놈의 '왕년에'는 언제까지 우려먹으려 하는가.

사골국보다 더 최악이 있다.

'우리 때는 안 그랬는데.'

후배들이 인사를 안 하면 "우리 때는 안 그랬는데. 군대 가서 고생해봐야 정신 차리지"라던가, 환영회에 참석하지 않으면 "우리 때는 안 그랬는데. 요즘 애들 빠졌어"라며 비아냥거리는 이들이 있다.

유행은 돌고 돌고, 복고가 유행이라지만 이건 아니지 않

복학생의 흔한 점심시간

그렇게 군대가 그리우면 다시 군대 가든지…

나?

　여기서 끝이 아니다. 최악 중에 최악이 또 있다.

　자신의 군생활이 제일 힘들었다고 허세를 부리는 복학생이다. 부대마다 차이가 있기는 하지만 천국 같든 지옥 같든 군대라는 자체가 주는 고통은 고만고만하다. 무슨 랩 배틀이라도 하는 양 군대의 '군' 자를 꺼내기만 해도 자신에게만 신나는 무용담이 이어진다. 군대를 다녀온 사람이 한 명만 더 있어도 주거니 받거니 막힘없이 때로는 경쟁하듯이 조금씩 살을 붙여 할리우드 액션블록버스터 못지않은 이야기들이 펼쳐진다. 아, 지겹다~ 너밖에 몰라. 듣는 사람은 괴롭다!

　TPO는 Time, Place, Occasion의 머리글자로, 옷을 입을 때의 기본원칙을 말한다. 즉 옷은 시간, 장소, 경우에 따라 착용해야 한다는 점을 강조하기 위해 나온 말이다.

　군대 이야기에도 TPO를 적용하라. 시간, 장소, 경우에 따라 사람들의 흥미를 끌 수 있는 선에서 스톱!! 무슨 일이든 도를 넘으면 꼴불견이다 .

잠깐!

두돈반(군대 차량 K-511) 엔진의 스펙, 부대 내 세세한 위치, 간부 이름이나 작전명 등은 군사기밀이다. 함부로 SNS에 올리거나 여기저기 떠벌리고 다니면 군보안법 위반에 해당한다. 오버일 수도 있지만 그러다 쇠고랑 찰 수도 있다.

♫ 먹고 싶은 것도 네가 다 정하고
　하고 싶은 것도 네 멋대로 하네
　다투고 화 풀 때도 네 방식대로 하고
　내 의견 그리 별로 중요하지 않아

□ 군보안법 위반 사항 체크하기

그동안 자랑스럽게 떠들어댄 이야기 속에 군보안법을 위반할 만한 내용이 있는지 적어보자. 단 한 줄
이라도 적을 게 있다면 이제부터라도 입단속!!

_____

_____

_____

_____

_____

_____

_____

세계 (소녀시대) 작전17 교수님의
와 학점의 상관관계 한 발짝 두 발
수 따기 내가 제일 잘 나가 (2NE1)
에이프릴) 작전21 스토리가 스펙을
적금을 사수하라 엄지 척 (홍진영)

편입생과 상부상조하기

다시 만난 세계 (소녀시대)

'미운 오리 새끼'

복학을 하려고 보니 한 마리 못생긴 오리새끼 같은가? 딱히 아무도 당신을 따돌리지 않는데도 물 위에 떠 있는 기름 같은 이 서먹함은? 그런데 이런 기분은 복학생인 당신만 느끼는 게 아니다. 당신 뒤를 따르는 또 다른 미운 오리 새끼들이 있다. 그들은 바로 편. 입. 생.

교양수업과 전공수업을 같이 듣는데도 강의시간 외에는 그들을 만날 길이 없다. 수업을 마치기가 무섭게 번개처럼 사라지기 때문이다.

다른 학교에 다니다 왔으니 입학 동기도 없고, 딱히 아는 사람도 없고. 편입 전에 놓친 학과 과정을 따라잡아야 하니 마음은 급하고. 편입을 위해 애쓴 만큼 졸업 학점은 당연히 잘 받아야 하니 일 분 일 초가 아깝고. 게다가 이미 단단하게 굳어진 기존의 관계에 끼어들기도 만만치 않고. 끼리끼리 뭉쳐 다니는 친구들을 보면 내심 부럽기도 하고. 나도 저런 친구가 있었으면 하고. 휴~

 편입생 꼬리표나 복학생 꼬리표나 엎어 치나 메치나. 이심전심以心傳心, 초록은 동색, 가재는 게 편.
 같은 처지에 있는 편입생에게 먼저 손을 내밀자. 당신마저 편입생에게 선을 긋는다면, 선후배들이 복학생을 꺼리는 태도에 대해 불평하지 마라.
 뒤쳐진 수업을 따라잡아야 하는 건 편입생이나 복학생이나 마찬가지. 서로 상부상조하자. 강의실 옆자리에 편입생이 있다면 통성명이라도 하자. 편입생들은 타인들의 시선에 갇혀 있기도 하지만 스스로를 가둬두기도 한다. 그러므로 부담스럽지 않게 다가가는 게 포인트. 다행히 나이도 관심사도 비슷하면 금상첨화. 공통점이 많으면 의기투합해서 미래를 준비하는 동지가 될 수 있다.

미국 시카고 대학의 사회학자 로널드 버트Ronald Burt는 시카고 대학 MBA과정을 수료하는 사람들을 대상으로 '누가 기업가적 역량(자질)이 많은가'에 대해 실험을 실시했다. 그 결과 구성원이 중복되지 않는 여러 모임에 참여하는 사람이 가장 기업가적 역량이 많은, 즉 정보를 습득하거나 자원을 동원하는 일에 탁월한 것으로 나타났다.

동창회, 향우회 같은 모임에 가면 특별한 경우를 제외하면 항상 보던 사람들을 만나게 된다. 아는 사이끼리 만나면 마음은 편하지만 인맥 확장에는 걸림돌이 된다. 편입생의 친구나 모임은 여태까지 당신이 모르던 사람들과 인맥으로 연결되어 있다. 새로운 인연을 만드는 것이다.

미운 오리 새끼도 모자라 우물 안 개구리가 되고 싶은가. 서로 밀고 끌어주며 복학생과 편입생들만의 세계를 만들자. 다시 만난 세계, 그 속에서 날개를 활짝 펴자. 당신이 아직 알아채지 못한 백조의 날개는 곧 바람을 가를 것이다. 넓은 창공에서 자신이 백조인 줄 알고 열심히 퍼덕이는 오리들의 애처로운 날갯짓을 보며 어리숙했던 당신의 옛 모습이 떠오를지도.

♬ 수많은 알 수 없는 길 속에
희미한 빛을 난 쫓아가
언제까지라도 함께 하는 거야
다시 만난 나의 세계

교수님의 애제자 되기

한숨 (이하이)

학점이나 취업을 생각하면 책상머리에 앉아라도 있어야 하는데, 책을 보면 하품만 나오고, 분명 공부했는데 기억 나는 것은 없고….

군생활 2년간 공부보다는 삽질이 더 익숙해져버린, 급기야 볼펜보다 기다란 당구 큐대가 더 편한 현실. 수업을 따라잡지 못할까 걱정스럽다. 강의실 맨 앞자리에 앉는 투지를 불태워보지만 5분도 채 되지 않아 창밖으로 나가고만 싶은 어이없는 현실에 고개만 떨구게 되는데.

전역하기 전 꼭 이루리라 다짐했던 목표는 현실에 부딪혀 점점 뿌옇게 흐려진다. 학점관리, 자기관리, 연애, 자격증, 배낭여행, 인턴십 참여. 어느 것 하나 마음대로 되지 않는다.

　이대로 포기하고 말 것인가. 한쪽 문이 닫히면 다른 쪽 문이 열린다고 했다. 플랜 A가 잘 작동하지 않는다면, 플랜 B를 꺼내들어야 한다. 이른바 '교수님'과 '조교' 공략하기. 이들로부터 성적을 비롯해 다방면에서 큰 도움을 얻을 수 있다.

　또 하나 좋은 소식! 당신이 복학생이기 때문에 가능한 행운.

　짜잔, 수업 시간에 나타난 조교가 바로 당신의 동기일 수 있다.

　"반갑다, 동기야."

　실제로 한 복학생이 조교인 동기에게 차 한잔 마시면서 고충을 토로했더니 교수님의 수업을 족집게 강사처럼 그대로 재생했다는 것. 시험 문제를 직접 알려주지는 못하지만 지도 교수님의 시험 문제 유형을 콕콕 짚어주었다고 한다. 덕분에 그는 어떤 식으로 공부하면 효과적인지 알 수 있었다.

　그동안 갈피를 잡지 못해 시간만 날리던 그는 짧은 시간에 수업을 따라잡을 수 있었다. 당연히 성적을 잘 받을 수밖에. 감사 인사 차 동기에게 밥을 샀더니 동기는 그 자리에서 시험 일정, 학사 일정 등 꼭 챙겨야 할 꿀팁을 또 콕콕 짚어주었다고 한다.

요즘은 입학과 동시에 멘토 교수가 정해진다. 교수님과 가까워지면 손해보다 득이 많다. 여전히 교수님을 대하기가 부담스러울 수 있다. 하지만 미래를 위한 준비를 해야 할 때. 2년간 지속됐던 정지 버튼을 해제하고 플레이 버튼을 눌러야 한다. 교수님을 자주 찾아가 당신의 관심사와 진로를 상담하라. 교수님들은 제자를 위해 무엇이든 도울 준비가 되어 있다. 단지 겸연쩍다는 이유만으로 교수연구실 문을 두드리지 못한다면 당신은 천하의 멍청이! 교수님들은 당신의 최대 조력자다. 어느 스승이 제자가 잘못되기를 바라겠는가. 더욱이 제자의 성공은 교수의 명성으로 이어진다. 당신이 내민 손을 차가운 눈빛으로 무시할 교수님은 없단 말이다.

한숨 푹푹 쉴 시간에 교수연구실로 가자. 길에서 마주친 교수님과 눈을 마주치자.

♬ 당신의 한숨
  그 깊일 이해할 순 없겠지만
  괜찮아요
  내가 안아줄게요
  정말 수고했어요

□ 나를 예뻐해 주던 교수님은 어디에 계실까?

아무리 생각해도 엄두가 나지 않는다면 학점을 잘 주었던 교수님부터 찾아뵙자. 성적이 좋은 학생을 기억해내는 건 어렵지 않은 일.

1. _____

   _____

2. _____

   _____

3. _____

   _____

4. _____

   _____

5. _____

   _____

조교와 학점의 상관관계

한 발짝 두 발짝 (오마이걸)

학교에는 다양한 업무를 전담하는 조교들이 있다. 특정 교수의 연구 및 수업준비 등을 돕는 조교, 교수들의 수업 시간표를 짜고 관리하는 조교 등.

여러 명의 조교 중 선택과 집중을 해야 하는 이들이 있다.

행. 정. 조. 교.

이들은 기본적으로 학교의 전체적인 행정 업무를 학생들에게 고지하고, 학생들과 관련된 행정 처리를 도와주는 임무를 수행한다.

특히 당신이 그들을 예의주시해야 하는 이유가 있다.

행정조교는 수강신청 및 정정, 휴학 및 복학신청 기간

등 학교 홈페이지에 일일이 접속해야 알 수 있는 정보는 물론이고, 홈페이지에서는 쉽게 알 수 없는 고급정보들을 가장 먼저 접한다.

대학의 특수요원들이자, 복학을 준비하는 어리바리한 당신을 인도해줄 '현자'의 강림.

한 복학생의 사례를 보자. 왜 그들을 집중 관리해야 하는지 단박에 알아챌 것이다.

그는 과제물 점수도 나쁘고 이미 치른 중간고사 성적도 좋지 못했다. 어차피 이렇게 됐으니 기말고사에서도 교양과목을 포기하기로 했다.

'F학점 맞고 다음 학기에 다른 과목으로 대체해야지.'

평소 친하게 지내던 행정조교를 찾아가 자초지종을 설명했다.

"뭐라고요? F학점을 받으면 그대로 성적표에 남는다고요?"

군대에 있는 동안 학점 포기 제도가 폐지된 것이다. 학점 포기란, 학생이 자율적으로 성적관리를 할 수 있도록 졸업 전에 낮은 성적을 지우고 졸업성적증명서의 총 학점을 높일 수 있는 제도다. 다시 말해 성적표에서 F학점,

D학점, C학점 받은 수강과목을 모두 없앨 수 있다는 제도다.

'이 제도가 없어지다니…'

만약 그가 행정조교로부터 이 사실을 듣지 못했다면? 그는 포기하려던 과목에 다시 집중해 B학점으로 무사히 학기를 마무리했다.

복학하면 신경 쓸 것도 산더미인데 이렇게 세세한 학칙마저 알 도리가 없다. 장학금이나 학자금 대출 접수 기간 등 당신이 누려야 할 것과 필요로 하는 것 들을 놓치는 불상사를 막을 수 있는 건 행정조교들의 어시스트다.

세상에 공짜는 없다. 그들의 도움을 받으려면 당신도 그들에게 도움이 돼야 한다. 커피 한 잔의 여유를 선사하거나, 안부 문자를 보내 항상 고마워한다는 마음을 전하거나, 가끔 점심식사라도 함께하는 등 진실한 선의를 보여야 한다.

Give and Take. 가는 만큼 오고, 오는 만큼 주는 것이 세상의 이치다.

중요한 정보 하나. 행정 처리란 학교에 꼭 필요한 업무다. 하지만 정규직을 뽑아 일을 맡기기에는 애매하다. 그래서 대개 조교를 배치한다. 학과의 조교를 뽑을 때는 그 학과를 졸업한 학생을 우선시한다. 이왕이면 같은 학과 학생에게 2년 정도 단기취업의 혜택을 주자는 취지다.

다시 정리해보면, 학과 혹은 단과 대학 조교는 대부분 같은 과(단과 대학)의 선배들이라는 것. 그들 중 눈에 익은 사람이 한 명도 없을까. 운이 나쁘게 아무도 모른다면? 적어도 그들을 아는 지인이라도 있을 것이다. 어서 눈도장을 찍자. 학사 행정도 꽤나 중요한 정보다. 대학 졸업 후 사회로 진출하는 지름길을 알아두는 것이나 다름없다. 한 발짝 두 발짝 당신의 발걸음을 가볍게 해줄 것이다.

대학 내 경비원, 환경미화원 분들도 그냥 지나치지 말자. 생각지도 못한 어느 날 당신에게 도움을 줄지도 모른다. 가끔 그들이 가진 정보도 꽤나 유용하다.

♫ 네가 한 발짝 두 발짝 멀어지면
　 난 세 발짝 다가갈게
　 우리의 거리가 더 이상 멀어지지 않게

예비역 선배에게 점수 따기

내가 제일 잘 나가 (2NE1)

전역하면 '전역자'로 불리는 것이 아니다. 당신은 '예비역 1년차'다. 당신의 신상에 '예비역'이 붙고 나면 달콤한 상상에 여지없이 금이 간다. 샤방샤방한 후배들과 어울리는 것보다 예비역 모임에 참석하는 횟수가 더 많아지기 때문이다. 얼마 전까지 부대에서 고참 대우를 받았지만, 복학과 동시에 당신은 막내가 된다. 으악~~

예비역 이등병 막내!
아이러니하게도 예비역 모임에서는 여전히 군대의 룰이 존재한다. 전역만 하면 지긋지긋한 군복을 벗어던지고 민간인이 되어 자유를 만끽하리라 다짐했건만. 어찌하여 그들과 함께하기만 하면 예전으로 돌아가는 것일까? 물론 '다나까' 말투를 사용하고, 만나면 거수경례를 하지는 않지만 이것을 빼먹으면 대략 낭패다. 바로 '눈치'다.

모임 전에는 일자 공지나 장소 섭외 등 사소한 임무를 만들어서라도 열심히 하는 모습을 보여주자. 모임 날에는 몸을 사리지 말고 최대한 격렬하게. 그런 열정적인 모습에 선배들은 "수고가 많았어", "고생했다, 좀 쉬어라"라며 당신에게 호의를 베풀 것이다.

처음에 눈도장을 잘 받으면 선배들은 당신을 '아, 선배한테 잘하는 애' 혹은 '노력하는 애'라고 여길 것이다.

초두 효과Primacy Effect에 대해 알고 있는가? 미국의 심리학자 솔로몬 애쉬Solmon Asch는 1946년에 6가지 형용사로 어떤 사람의 첫인상을 평가하는 실험을 했다.

그는 먼저 피실험자들을 A, B 두 집단으로 나눈 후, 한 인물의 성격특성에 대해 설명했다.

A집단에는 "똑똑하다, 근면하다, 충동적이다, 비판적이다, 고집이 세다, 질투심이 강하다."

B집단에는 "질투심이 강하다, 고집이 세다, 비판적이다,

충동적이다, 근면하다, 똑똑하다."

A와 B 집단의 차이를 알아보겠는가? 성격특성은 똑같다. 단지 나열한 순서만 다를 뿐이다. 이들 집단이 평가한 첫인상은 어땠을까? '똑똑하다', '근면하다' 같은 긍정적인 내용을 먼저 들은 A집단의 사람들은 '질투심이 강하다', '고집이 세다' 같은 부정적인 내용을 먼저 들은 B집단보다 좋은 평가를 내놓았다.

처음 입력된 정보가 나중에 습득하는 정보보다 더 강한 영향력을 발휘한다는 의미다. 좋은 이미지를 심어주면 후속 행동들이 적정선을 넘지 않는 한 그대로 유지된다.

'말하지 않아도 알아~'

개떡같이 말해도 찰떡같이 알아듣는 당신, 초두효과를 눈치챘다면 조금만 더 전략적으로 행동하자. 어느 누가 당신을 아끼지 않으리.

'내가 제일 잘 나가'

학교생활에 볕들 날이 머지않았다.

♬ 내가 제일 잘 나가(X4)
내가 봐도 내가 좀 끝내주잖아
네가 나라도 이 몸이 부럽잖아

구체적인 목표 세우기

꿈사탕 (에이프릴)

"제대하고 나서 뭘 할지 모르겠습니다."
99.9%의 예비 복학생들은 비슷한 수준이다.
이럴 때 주위 사람들은 판에 박힌 듯 말한다.
"뭘 하고 싶은지 빨리 찾아!"

말이 쉽지. 평생 이루고 싶은 꿈을 찾는 것이 그리 쉬운가.
'좋아, 오늘부터 두 달 동안은 하루에 10시간씩 미래의 직업에 대해 생각해보는 거야.'
두 주먹 불끈 쥐고 시간을 투자한다고 해서 없던 꿈이 생기는 건 아니다. 조금 여유를 갖고 기다려보자. 일단 워밍업 차원에서 당신이 복학 후 첫 번째로 설정해야 할 목표는 '학점' 관리다.

대기업은 물론 대다수 기업들이 "우리 회사는 학점이나 영어 성적은 보지 않습니다. 오직 열정과 성실함을 중요시합니다"라고 말한다. 그렇다면 그들은 1차 서류 심사에서 지원자의 열정과 성실함을 어떻게 확인하는가?

학점 = 대학 생활에서의 성실도
그 사람의 열정 = 외부 활동 + 수상 경력 + 동아리 활동

학점은 우리의 나쁜 본능을 얼마나 이겨냈느냐의 척도다. 쉽게 말해 학교에 가기 싫을 때 누가 결석을 안 했느냐의 싸움이고, 과제하기 싫고 시험 공부하기 싫을 때 누가 게으름을 이겨냈느냐의 싸움이다. 즉, 학점을 잘 받는 특별한 비결은 없다. 기본에 충실하는 것.

훗날 전공과 관련이 없는 직업에 종사할 건데 학점이 무슨 소용이냐고 반문할 수 있다. 그러나 기본에 충실한 사람은 뭘 해도 다르다. 인정하고 싶지 않겠지만 평가에 있어 학점이 긍정적인 영향을 줄지언정 부정적인 영향을 끼

치지는 않는다.

학점 관리를 위한 구체적인 목표를 세워보자.

'○○과목만은 A+를 받겠어!', '이번 학기는 전 과목 B+ 이상', '이번 학기에는 F학점만은 죽어도 안 받을래.'

목표를 구체화하면 유혹에 흔들지 않고 자신을 다잡을 수 있다.

이불에 몸을 파묻으려다가도 '학교 가기 싫다. 아, 맞다. 오늘 빠지면 F지……'라며 이불을 걷어찰 수 있지 않을까? 인터넷 블로그를 긁어 과제물을 제출하려다가 'B+ 이상을 받아야 해. 들키면 웬 망신, 게다가 F까지. 소신껏 하자'라며 표절의 유혹을 뿌리칠 수 있지 않을까? 이런 과정이 여러 번 반복되면 결과적으로 자신과의 싸움에서 이기는 습관이 자연스럽게 몸에 배게 된다.

복학 후 시간은 빛의 속도로 흘러간다.

'와~ 복학이다. 어라~ 어어 뭐야, 벌써 졸업이네.'

달달한 꿈사탕을 입에 물고 졸업식 날 웃고 싶지 않은가. 그렇다면 단기 목표뿐만 아니라 '누적 평점'을 고려하여 "졸업 할 때는 몇 학점 이상은 찍고 졸업한다!"라는 중기 목표를 그려보기를 권한다. 학기별로 향상되는 성적과

더불어 중단기 목표를 성취해본 경험은 사회에서 근거 있는 자신감을 심어줄 것이다.

♪ 두근거리는 소원을 모아
별들이 속삭이듯
날 부르는 기억들 따라
세상 속 많은 사람들
숨겨온 작은 소망들
이룬 적 있니

걱정하지 말아요, 그대

누구나 미래는 불안하다.
'이런다고 달라지나?'
그건 아무도 모른다. 아직 일어나지도 않은 미래를 걱정하다 보면 가까운 것들을 챙기지 못한다. 일단 성취하기 쉬운 목표를 구체화하고 이를 달성하기 위해 최선을 다하라. 다음 일은 그 다음에 생각하자.
내일은 내일의 태양이 떠오른다.

☐ 당신의 꿈을 이루는 '드림트리'

당장 이룰 수 있는 목표를 가장 굵은 나무의 몸통으로 정한다. 그것을 이루기 위한 세부사항을 나뭇가지로 삼는다. 작은 목표를 이루면 꽃이나 열매를 그려두자. '드림트리'에 꽃이 만개하면 당신은 그 목표를 이룬 것이다.

목표 : _____

나 _____ 의 드림트리

스토리가 스펙을 이긴다

Dream girls (I.O.I)

입대 전에 팽팽 놀았던 A군 vs 몇 개의 자격증과 휘황찬란한 스펙의 B군.

A군의 앞날은 자갈밭이고 B군의 앞날은 아스팔트 대로일까? 한 치 앞도 모르는 불확실한 세상이다. 이 둘의 출발선은 확연히 다르지만 몇 년 후는 누구도 장담할 수 없다.

복학을 앞둔 당신, 입대 전 초라한 스펙에 주눅 들지 마라.

'스펙'이란 단어에는 '불안감'이 옵션처럼 따라다닌다. '내가 남보다 모자라지 않을까?' 하는 마음에 다른 사람의 뒤꽁무니를 쫓아다니느라 바쁘다면…. 그러다가 자기소개서를 쓸 때 깨닫는다.

'내 스펙들이 뒤죽박죽 엉망이구나!'

쌓아놓은 스펙의 종류가 많으면 나중에 입맛에 맞게 뽑아 쓸 수 있으니 손해 볼 일은 아니다. 그러나 복학 후 스펙 쌓기에 뒤늦게 돌입한 경우라면 '선택과 집중'을 요한다. 어떻게?

'스토리 라인에 맞춰 스펙을 쌓아라.'

스펙 줄 세우기 신공을 달성한 한 친구가 있다. 그의 꿈은 IT업계에서 일하는 것이다. 군 동기들이 한자 자격증은 언젠가 쓸 날이 온다며 같이 공부하자고 꼬드겼다. 그는 3개월간 공부해 2급 자격증을 손에 거머쥐었다. 이번에는 흔하디흔한 워드프로세스 자격증도 땄다. 전역 후에는 단기간에 딸 수 있는 MOS 자격증도 준비했다. 와우! 이력서에 채워 넣을 항목이 3개나 생겼네. 어느새 졸업 학기를 맞은 그는 취업 상담을 받기 위해 IT관련 학원을 방문했다.

"어느 분야를 생각하고 있죠?"

"DB(데이터베이스) 쪽으로 나가길 원합니다."

"아, 그러세요. 오라클 자격증 있으세요?"

"네? 아뇨…?"

"DB쪽으로 가려면 필수인데…, 관련 교육을 받았거나 DB관련 프로젝트 참가 경력은 있나요?"

"…."

"그럼 졸업하고 1년 정도 학원 다니시면서 준비하는 게 좋겠어요."

그는 그동안 모아온 자격증은 무용지물인 현실에 허탈했다.

스펙의 정의가 점점 넓어지고 있다. 과거에는 자격증이나 특정 점수에 한정되었다면, 요즘에는 각종 대회 입상을 비롯해 봉사 활동, 동아리 활동, 수강과목, 심지어 취미 활동까지 스펙이 된다. 여기서 핵심은 이런 스펙들이 '스토리'에 부합할 때 그 가치가 배가 된다는 것이다.

즉, '나는 어떤 스토리로 나를 표현할 것인가'를 생각해야 한다. 스토리에는 배경이 있고, 주인공이 있으며, 사건이 있다. 당신이 만들어내고 싶은 사건에 초점을 맞춰 그에 맞는 배경을 확보해나가야 한다. 물론 주인공은 당신이어야 한다. 친구가 아니다. "이 자격증이 유리하대. 나랑 같이 준비하자" 같은 친구 말에 현혹되어선 안 된다. 만일 당신이 'IT업계 진출'이라는 사건(목표)을 만들고 싶다면 인턴 자소서 쓰기, 복잡하고 어렵다.

그에 맞는 배경을 찾아나서야 한다. 그리고 그것을 자신의 것으로 만들어야 한다.

국내 최초이자 유일의 유엔사무국 산하기구인 유엔거버넌스센터에서 근무하는 김정태 홍보팀장은 《스토리가 스펙을 이긴다》라는 책에서 남들과 똑같은 평범한 스펙 보다는, 다른 사람과 차별성을 가지고 상대에게 신뢰를 줄 수 있는 나만의 '스토리'를 갖추라고 당부한다. 이 책에 스토리의 힘에 대한 인상적인 구절이 나온다.

아리스토텔레스는 〈시학〉에서 스토리는 '반드시 행동에 관한 것'이라고 강조했다. 행동이야말로 우리가 정말로 가치 있게 여기는 것이 무엇인지 말해주기 때문이다. 결국 우리가 어떤 사람이었는지 드러내는 것은 우리의 '생각'이 아니라 '행동'이다. 스펙은 '지식'에 관한 것으로 '행동'을 보여주진 못한다. 그 사람이 진정 어떠한 사람이었는지 판단하기 위해서는 '지식'이 아니라 '행동'이 필요하다.

전역을 몇 개월 앞둔 지금부터라도 침상에 누워 당신의 스토리를 떠올려보라.

드림걸, 드림맨 어떤 꿈을 꾸고 있는가. 당신의 꿈을 영화나 드라마로 만든다고 생각해보자. 이제부터 당신은 작가다. 당신의 스토리를 써나갈 작가.

당신은 어떤 사고를 치고 싶은가?

그러려면 당신에게 필요한 배경은 무엇인가?

그 배경 안에서 주인공인 당신은 무엇을 해야 하는가?

♫ 나 이쁘진 않아도 날씬하진 않아도
까칠하게 보여도 뭐 어때
(너 고민하지 마) 그래 너답게
(이 시간은 내 꺼야) 내가 주인공야
(오래 기다렸잖아) The time is coming
(보여줄 거야) Let's go!

스토리가 스펙을 이긴다

법학전문대학원 진학을 준비하던 C는 봉사 활동을 찾고 있었다. 그러던 중 대한법률상담소에서 정기적으로 자원봉사자를 모집한다는 소식을 듣고 곧바로 신청했다.

뜻이 있는 곳에 길이 있다. '나의 법적 지식을 통해 많은 사람을 돕고 싶다'는 그의 스토리에 적합한 스펙을 쌓게 된 것이다.

그는 학부 시절 법학을 전공하지 않았다. 그러나 스토리의 주인공답게 법과 관련된 대부분의 교양 수업을 들었다. 애써 노력한 것도 있지만, 나름 정해놓은 스토리가 있다 보니 저절로 관심이 갔다. 결국 '비록 법학과는 아니더라도 평소에도 지속적으로 법 정보에 관심을 두었고, 공부해왔다'라는 스토리를 차곡차곡 쌓아온 것이다. 굵직한 스펙은 아니지만 이것저것 도전하느라 시간만 낭비한 '허당 스펙'에 비하면 충분한 가치가 있다.

스토리를 증명할 서류를 챙겨라

취업을 위한 자기소개서에 자신이 봉사 정신이 뛰어나다고 쓰려면 봉사 활동을 증명할 서류를 갖추는 게 유리하다.

자신의 취미가 미래의 직업과 연관된다고 쓰려면, 그 취미를 통해 입상한 경력이나 작품 등의 성과가 필요하다. 증명할 서류(스펙)가 없을 경우, 당신의 스토리는 신빙성 없는 한낱 여담으로 전락할 우려가 있다. 스토리를 받쳐줄 스펙이 입증될 때 비로소 당신의 가치는 빛을 발한다.

□ 당신은 베스트셀러 작가! 당신이 주인공인 스토리를 써보자.

치열한 경쟁 세계에서 당신의 개성과 장점을 살려줄 스토리에 집중하자. 하나의 문장으로 써나가기가
쉽지 않다고? 그렇다면 사건, 주인공, 배경 등으로 세부 항목을 설정해 간단하게 작성해보자.

_____

_____

_____

_____

위에서 설정한 배경을 확보하기 위해 구체적으로 해야 할 일들에 대해 적어보자.
이것은 바로 실행 가능한 것이어야 한다. 여전히 꿈속을 헤매서는 안 된다.

_____

_____

_____

_____

군 적금을 사수하라

엄지 척 (홍진영)

군 적금에 대해 들어본 적이 있는가?

군 적금이란 군대 월급으로 매달 납입하는 적금을 말한다. 훈련소나 전입 초기에 군 적금에 대해 설명을 들을 수 있다. 당시 전역 후를 생각해서 월급의 일부를 은행에 맡기기 시작했다면 당신은 '의지의 한국인'이다.

적금에 들지 않은 전우들이 상대적으로 부유한(?) 지갑을 들고 PX를 들락날락할 때 부러운 눈으로 침을 꼴깍 삼켰을 테지.

어쨌든 이런저런 유혹에도 불구하고 전역을 앞둔 현재

까지 군 적금을 잘 유지하고 있다면, 매달 당신의 나라사랑카드에서 빠져나갔던 작은 돈은 제법 불어나 있을 것이다. 복학을 위해 필요한 자금이 어느 정도 확보됐으니 한결 마음이 가벼우리라.

잠시 이 시점에서 스스로에게 축하의 박수를, 수고의 박수를. 엄지 척!!

적금을 탔으니 이제 그것으로 무엇을 하려 하는가? 여행? 등록금? 신형 노트북? 학원? 여기서 중요한 한 가지. 당신이 입에 술을 절대 대지 않는 사람이라면 모를까, 다른 것은 차치하고 술의 유혹을 거부할 자신이 없다면 명심하라. 그 돈을 절대, Never! 친구들과의 술 한잔에, 밥 한 끼에 쓰지 마라. 당신이 군대에서 어떻게 지내며 모은 돈인지 생각해보라. 여름이면 땡볕 아래서 삽질을 하고, 겨울이면 언 손으로 눈을 쓸고, 무거운 군장을 메고 훈련을 하며, 2년 동안 줄줄이 사탕처럼 꿰인 선임들의 눈치를 보지 않았던가. 잠 한숨 자려 해도 각 잡힌 자세로 점호를 받지 않으면 누울 수도 없었던, 심지어 바지, 이부자리마저도 각을 잡아 접고 또 접고. 훈련 한 번 다녀오면 뿌연 먼지로 뒤덮인 군화를 닦고 또 닦고.

실제로 우리 부대에 있었던 일이다. 모 병장이 전역할 때 군대 월급으로만 150만 원가량을 모았다고 한다. 2년 동안 그를 PX에서 본 사람이 아무도 없었다는 이야기가 전설로 내려올 정도로 짠돌이처럼 돈을 모았다. 그야말로 쥐꼬리만 한 월급. 세상이 좋아져서 많이 올랐다고는 하지만, 2016년에 군인 월급이 15% 인상됐다고 하지만, 나라를 지키는데 한 달에 15~20만 원. 열흘 내내 야식으로 치킨을 먹는 배부른 상상으로 대리만족했을 터이다. 남들처럼 써서는 돈을 모을 수 없다는 것은 누구나 잘 아는 사실.

당신이 그처럼 목돈을 만들어 손에 쥐게 된다면? 아마도 그동안 착실하게 돈을 모은 당신에게 선물을 하고 싶을 것이다. 스스로를 가상히 여겨 잠시나마 환락의 세계를 허락할지도 모른다. 그러나 가랑비에 옷 젖는 줄 모른다고 그렇게 한 푼 두 푼 쓰다 보면 통장 잔고는 순식간에 '0원'이 될 것이다. 당신은 무엇을 위해 그 돈을 모으기 시작했는가. 초심을 잃지 마라.

군 적금을 잘 지켜 당신의 좀 더 나은 미래를 위해 사용하려면 두 가지 주의할 점이 있다.

첫째, 절대 주변 사람들에게 적금의 '적' 자도 꺼내지 마

라. 그들은 당신의 지갑을 위협할 것이다. 적금 탄다고 자랑만 하고 입을 쓱 닦으면 친구들이 당신을 두고두고 쩨쩨한 놈이라며 놀릴 지도 모른다.

당신이 무사히 전역하기까지 아무것도 한 것이 없으면서, 당신을 대신해서 군대를 다녀온 것도 아니면서 그들은 당신에게 '한 턱 쏘라'고 할 것이다. 2년 동안 절제하고 빡센 삶을 산 건 당신인데, 그래서 축하를 받아야 할 사람이 누군데… 축하주를 받아도 모자를 판에….

둘째, 중도 해약하지 마라. 많은 국군장병들이 군 적금을 쉽사리 해지한다. 적금을 드는 여러 가지 이유 가운데 하나가 '이자' 때문이다. 그런데 이자를 포기하다니. 특히 군 적금은 나라를 위해 피땀 흘리는 군인들을 위한 특화 상품으로 시중보다 금리가 높은 편이다.

물론 예외는 있다. 적금 만기일이 전역 후에도 몇 개월이나 남아있는 경우라면 해약을 고려할 필요가 있다. 복학 후에 돈 쓸 데는 많고 부모님께 손 벌리기는 싫고, 아직 알바는 못 구했고, 적금은 몇 달 더 내야 하고….

이때는 아깝더라도 깨야지. 적금을 몇 번 더 납입해야 한다는 부담도 줄고, 당장 필요한 돈도 확보할 수 있으므로 과감히 포기하자.

♬ 성실하고 진실한 믿음직한 내 남자
　당신을 정말로 사랑해
　엄지 엄지 척 엄지 엄지 척
　자상하고 다정다감해
　보면 볼수록 알면 알수록
　매력이 넘쳐요

군 적금, 가입하기 참 쉽죠?

입대 초에 군 적금에 대해 설명을 듣지 못했거나 가입 시기를 놓쳤다면?

괜찮아, 괜찮아, 괜찮아요. 현역이라면 언제든지 가입할 수 있다. 복무증명서 또는 휴가증 등을 은행에 제출하면 친절한 은행원들이 자세히 군 적금에 대해 설명해줄 것이다. 은행에 따라 당신의 군번을 요구할 수도 있다.

당신이 은행에 갈 시간이 없다면 부모님께 부탁해도 된다. 당신이 군인임을 증명할 휴가증 또는 복무증명서, 부모님 신분증, 등본, 도장 등 필요 서류를 구비하면 된다.

□ 복학하고 2~3개월 안에 필요한 예산 알아보기

	내역	예산	비고
1			
2			
3			
4			
5			
6			
합계			

작전23 몸을 내던져 관심 끌기
24 수강신청 노하우 터득하기
간을 금쪽 같이 쓰기 잔소리 (ㅇ
디까지 해봤니? 러시안룰렛 (
라 Let it go (효린) 작전28 결

ouch my body (씨스타) 작전
없기 (달샤벳) 작전25 공강 시
, 임슬옹) 작전26 노트 필기, 어
카) 작전27 우선순위를 정하
기본이다 The boys (소녀시대)

몸을 내던져 관심 끌기

Touch my body (씨스타)

"으히히힝, 호호호호, 그래그래, 알았어. 이따 만나서 또 이야기하자."

여자들은 곧 만나서 할 이야기들에도 준비운동이 필요한 듯하다. 도대체 무슨 할 말이 그리도 많기에….

한편 남자들은?

MBC에서 방영 중인 〈나 혼자 산다〉는 독립해 혼자 사는 스타들이나 기러기 아빠들의 일상을 관찰하는 리얼 다큐 예능프로그램이다. 가수 정준영이 출연했을 당시, 그의 집에 친한 남자친구 3명이 놀러왔다.

서로 간단히 인사를 하고는 한동안 말없이 각자 딴청을 피우는가 싶더니 갑자기 TV 모니터 앞에 앉았다. 2 대 2로 팀을 나눠 축구 게임을 하기 시작한 것이다. 지는 팀이 뭐든 쏘는 걸로. 한 골 터질 때마다 오두방정 세리모니는 옵션. 그들은 노량진 수산 시장에 가서 진 팀이 쏘는 회를 먹고 나서 방 탈출 게임장으로 고고! 몸을 움직이니 얼마나 표정이 맑고 밝던지.

여자와 남자의 대화법은 확실히 다르다. 여자는 공감을 중시하지만, 남자는 몸을 강조한다. 축구나 농구 같은 격렬한 스포츠나 게임 등을 즐기면서 남자들은 대화를 나눈다.

예를 들어 축구 시합을 떠올려보자.

"야, ○○를 밀착 수비해야지", "야야, 이쪽으로 패스해."

시합이 끝난 후는 또 어떤가. 뒤풀이로 술 한잔 하면서, "그때 패스 너무 좋았어", "왜 슛을 안 하고 공을 뒤로 빼냐?"

멍석만 깔아놓으면 멀뚱멀뚱 서로 눈치 보던 남자들은 어디로 갔나. 한바탕 땀 좀 흘렸다 하면 아주 신이 나서 시간 가는 줄 모른다.

'도대체 무슨 말을 해야지?'

대화에 어려움을 겪는 예비 복학생들이여, 대동단결하여 몸을 움직여라.

조금 더 빠르게, 조금 더 거칠게. 당신 앞으로 달려드는 공을 사수하라. 당신의 발끝으로, 손끝으로 동료들의 신뢰를 얻어라. 날카로운 슛이 네트를 흔드는 순간 후배, 동기들의 응원이 후끈 달아오른다.

'터치 마이 바디(Touch my body), 차라리 공을 뺏기느니 내 몸을 맡기련다. 오호, 내 발에 들어온 공은 절대 내줄 수 없지.'

'다음엔, 자판기 커피 내기로 족구 한 판 어때? 공이 없으면 어때. 우유팩 하나로도 네트를 가르는 불꽃 슛을 보여주겠어. 캠퍼스의 지축을 울리는 강슛.'

학우들이여, 벌써 내 매력에 푹 빠진 거야?'

♫ *Touch my body*
　우린 조금씩 빠르게
　Oh everybody
　푸른 하늘보다 높이

지금 이 리듬이 좋아
뜨거운 태양 아래 너와 나

수강신청 노하우 터득하기

있기 없기 (달샤벳)

복학을 하기에 앞서 전쟁 준비부터 하자.

느닷없이 웬 전쟁이냐고?

'수강신청'

신입생 시절 첫 수강신청을 기억하는가. 홈페이지를 확인하고, 선배에게 묻기도 하고, 주위 친구들에게도 조언을 구하던 그때를. 당신이 복학하는 학기의 수강신청은 2년 전보다 치열하면 치열했지 절대로 덜하지 않다. '나는 한 번 해봤으니까' 하는 방심은 찬물에 말아 후딱 삼켜라.

'리바운드를 제압하는 자가 코트를 제압한다!'

어느 농구 만화에 나오는 대사다. 수강신청을 제압하는 자가 한 학기를 제압한다. 한 학기를 자신이 원하는 과목으로 시작할지, 아니면 모두가 기피하는 비인기 과목으로 시작할지에 따라 수업 흥미도는 물론이고 성적이 달라진다.

수강 신청자가 몰리는 과목은 분명 이유가 있다. 소문에 귀를 기울여라. 당신이 군대에 간 사이 수강신청 시스템에 많은 변화가 일어났다.

한 친구는 수강신청에 만반의 준비를 기했다. 수강신청 일은 ○월 ×일. 인기 강의명과 수강코드도 다 확인했겠다, 내일 일찍 일어나서 PC방만 가면 된다고 생각했다. '1지망 과목을 실패하면 2지망 과목을 신청하면 되지'라며 한껏 여유를 부렸다.

다음 날 그는 PC방에서 수강신청 화면을 열어놓고 시계를 보았다.

"1분 남았다. ⋯ 10, 9, 8, 7 ⋯ 로그인!"

그의 당황한 눈은 모니터 이곳저곳을 훑고 있었다. 마우스를 잡은 손은 움직일 수 없었다.

드디어 수강신청 시작! 재빠르게 로그인 시도.

접속자가 많아 화면이 하얘진다.
내 머릿속도 하얘진다.

이때 PC방 이곳저곳에서는...

Bye! 이번 학기 학점은 날아갔다.

"어라…? 분명 여기 있었는데? 여기 버튼이 있어야 하는데? 어!?"

아무리 수강신청 날짜를 잘 알아두고 인기 과목들을 섭렵했다 해도 변화된 시스템을 파악하지 못하면 낭패를 볼 수밖에 없다. 반드시 수강신청에 대한 공지사항을 꼼꼼히 읽어보고 무슨 변화가 있는지 알아둬야 한다.

예비 수강신청을 통해 어떤 버튼이 어디에 있는지, 과목명은 어디에 기입하면 되는지, 혹시 미리 희망수업을 '찜'할 수 있는지 등 수강신청과 관련해서 놓쳐서는 안 될 정보들을 꼭! 반드시! 필히! 확인하자.

첫 삽을 잘 떠야 한다. 열심히 하겠다는 마음가짐과 새 필기도구만으로는 복학 학기를 제압할 수 없다. 수강신청부터 "이러기 있기 없기. 왜 나를 당황하게 만드는 거야" 하고 애꿎은 모니터를 바라보며 새 학기를 시작하지 않으려면 정신 바짝 차려야 한다. 그렇지 않으면 '이번 학기에는 반드시 장학금을 타겠어' 했던 당찬 포부가 저 멀리 날아가는 것을 지켜봐야만 할 것이다.

♫ 있기 없기 그러기 너 정말 있기 없기 그러기
타는 내 맘 모르니 왜 너는 내 맘을 몰라 oh!
쥐었다 폈다 그러니 왜 나를 쥐었다 폈다 그러니
너 자꾸 이러면 나 울지도 몰라 oh!
우우- 우- 우우- 우우우워어어어-

예비 수강신청 활용법

예비 수강신청을 활용하면 수강하고픈 과목의 시간과 강사 등을 미리 지정할 수 있다. 수강신청 당일에는 초간단 클릭만으로 수강신청 완료. 당일에 수강과목을 검색하고 신청할 경우 계속해서 프록시가 겹치기 때문에 로딩까지 시간이 오래 걸린다. 고로 손이 빠른 다른 학우에게 빼앗기게 된다. 유비무환. 예비 수강신청을 활용하는 센스를 발휘하자.

단, 예비 수강신청 후 정식 수강신청을 할 때는 다음과 같은 요령이 필요하다.

1순위: 교양과목/필수교양(정원이 적고 몰리는 사람이 많음)

2순위: 자유과목(정원은 많으나 몰리는 사람 많아 빨리 knock out)

3순위: 전공과목(가끔 소수의 선 신청자가 있음)

4순위: 필수과목(졸업을 위한 필수과목들)

□ 승전보를 울려라, 1지망 수강과목

1. _____

_____

2. _____

_____

3. _____

_____

4. _____

_____

5. _____

_____

작전 25

공강 시간을 금쪽 같이 쓰기

잔소리 (아이유)

　수강신청도 했겠다. 복학까지 남은 시간은 일주일, 당신의 머릿속은 무슨 생각으로 가득 차 있는가? 연애? 학업? 여행? 취업? 장담컨대, 당신은 '뭐 하고 놀까?' 하는 생각으로 가득 차 있을 것이다. 답답했던 단체 생활을 끝내고 활기로 가득 찬 대학가를 거닐 생각에 가슴이 설렐 것이다.

　하지만 현실은?

　수많은 과제와 공부거리…. 어학 시험과 자격증 시험도 챙겨야 하는구나. 놀고 싶은데 과제는 많고, 술 약속은 빠지고 싶지 않은데 자격증 시험 날짜는 왜 이리 빨리 다가오는지. 캠퍼스의 낭만은 어디로 달아난 거야.

학교 잔디밭에 동기, 선후배들과 모여 따사로운 햇살을 받으며 도란도란 대화를 나누던 그때는 언제였던가. 다들 강의실로 도서관으로 또다시 도서관에서 강의실로 오가는 사람들뿐.

학우들이 당신에게 눈길을 주지 않더라도 캠퍼스의 낭만을 만끽하고 싶다면? 성적을 놓치지 않고 한 번에 두 마리의 토끼를 잡으려면?

'공강을 활용하라.'

말 그대로 '비어 있는 시간'을 확보하라. 수강신청을 하다 보면 어쩔 수 없이 공강이 생긴다. 짧으면 30분부터 길게는 몇 시간에 이르기까지.

공강을 효율적으로 활용하면 황금 같은 시간을 확보할 수 있다. 30분~1시간은 과제나 공부하기에 부족함이 없는 시간이다. 오히려 짧은 시간이기에 더욱 집중할 수 있다. 5시간 내내 공부하려면 지겹고 지치지만, '30분만 바짝 집중하자'라고 마음먹고 몰입하면 의외로 많은 것을 해낼 수 있다.

공강≠노는 시간 혹은 쉬는 시간

하루빨리 공강에 대한 인식을 바꾸지 않으면, 이 시간은 한 학기 내내 '버리는 시간'이 되고 만다. 반대로 공강 시간을 잘 활용하면 네온사인이 반짝이는 저녁에 친구들과 술 한 잔 하는 여유를 가질 수 있다.

그렇다면 공강 시간에는 무엇을 하는 게 좋을까? 이때는 '과제'를 하는 게 효율적이다. 비교적 수월한 과제를 해치우자. 매 시간 제출해야 하는 형식적인 과제 혹은 5~10점짜리 과제를 하는 것이다.

만일 중간고사 또는 기말고사를 대체하는 과제를 해야 한다면? 목차를 중심으로 공강 시간마다 조금씩 해나가자. 묵직한 과제는 꽤 긴 분량을 작성해야 하는 경우가 많으므로 일단 목차를 구성하는 게 좋다. 만일 5개의 목차를 정했다면 '오늘 공강 시간에는 1번을 끝내야지.' 하는 식으로 과제를 쪼개자.

다시 말해, 공강 시간에는 '오늘의 할당량'을 '그 시간 안에 끝낼 수 있는' 공부를 하는 게 효과적이다. 또는 '영어 단어 30개 외우기' 같은 단순한 목표를 세워보자.

인터넷 강의도 추천한다. 요즘 인터넷 강의는 30분에서 1시간 정도 분량이다. 공강 시간이 인터넷 강의 시간보다

짧다면 25분, 30분 단위로 끊어서 듣자. 원할 때 중지하고 다시 들을 수 있는 것이 인강의 장점 아닌가. 실제로 학교 독서실이나 도서관에 가보면 인강을 듣는 학우들을 자주 목격할 수 있다. 비어 있는 시간에 인강을 듣다가 수업 시간이 되면 잠시 정지시켰다가 수업 후에 중간부터 다시 듣는 것이다.

끝으로 수업 시간 또는 과제를 할 때 반드시 참고해야 할 책을 읽는 것이다. 장시간 책에 집중하는 것은 복학생에겐 힘든 노동과 같다. 공강 시간에 틈틈이 참고도서를 읽어두면 과제를 완성하는 데 드는 시간을 절약할 수 있다.

스스로에게 이것도 해야 하고 저것도 해야 한다고 잔소리를 퍼붓다 보면, 아무것도 하기 싫어진다. 억지로 떠먹는 밥이 맛이 있었던가. 언제 어느 때든 반드시 해야 하는 일이 있다면, 몰아치지 말고 틈틈이 조금씩 해나가자.

자투리 시간을 잘 활용하면, 눈앞에 쌓여있는 과제에 대한 심리적 압박감이 현저히 줄어들 것이다. 그러면 여유가 생긴다, 마음도 시간도.

♫ 머리 아닌 가슴으로 하는 이야기

네가 싫다 해도 안 할 수가 없는 이야기
그만 하자 그만 하자
너의 잔소리만 들려

하루 10분의 놀라운 힘

KBS 수요기획 〈하루 10분의 기적〉에서는 10분 뇌 활성화의 비밀과 관련된 다양한 실험과 새로운 사실들을 소개했다. 특히 남들은 한 개도 따기 어렵다는 자격증을 55개나 취득한 어느 고등학교 선생님의 사례는 시간관리를 고민하는 사람들에게 큰 자극이 된다.

그는 시時테크의 달인이다. 그가 생각하는 시테크의 핵심은 틈새 시간 활용이다. 그는 시간을 물리적으로 늘릴 수는 없지만 어떻게 사용하느냐에 따라 밀도를 높일 수 있다고 강조했다. 그의 하루는 정신없이 바쁘지만, 수업이 끝난 쉬는 시간 10분을 황금같이 사용한다. 고작 10분 동안 얼마나 공부할까 싶지만 수업이 7교시면 쉬는 시간은 총 60분이나 된다. 그는 이 쉬는 시간들을 투자해 그 많은 국가공인자격증을 취득했다.

□ 공강 시간에 공부할 내용 정리하기

공강 시간에 공부할 내용과 분량 등의 목표는 최소 전날 밤에 정해두자. 미리 공부할 자료를 챙길 수 있고, 놀고 싶은 충동도 억제할 수 있다.

'오늘 저걸 들고 오느라 내 어깨가 빠지는 줄 알았어. 고생한 게 아까워서라도 공부해야지.'

공강 시간에 무엇을 할지는 앞에서 제시한 것들 중에서 마음에 끌리는 것을 하면 된다. 단, 공부할 분량과 목표는 미리 세워두어야 한다.

더는 과제 제출 전날, 시험 전날에 "아, 1시간만 더 있었으면!" 하고 후회하지 않을 것이다. 일주일간의 시간표에서 공강 시간이 얼마나 되는가? 그 시간을 한 학기로 계산하면 몇 시간이나 되는가? 눈으로 확인해보면 스스로 놀랄 것이다.

요일	공강 시간	공부 내용	공부 분량

노트 필기, 어디까지 해봤니?

러시안룰렛 (스피카)

전역 후 복학 시기를 보면 대체로 2, 3학년 즈음이다. 문제는 언제 복학을 하든 간에 학교생활에 적응하는 건 쉽지 않다는 점이다. 굳어진 뇌를 충분히 워밍업하지 않는다면, 마치 잠이 덜 깬 것처럼 몽롱한 상태로 수업을 듣게 될 것이다. 특히 고학년일수록 '불친절'해진 수업방식 때문에 더더욱 힘들다.

"언빌리버블unbelievable, 믿을 수 없다고?"

4학년 선배들이 증언해줄 것이다. 그들은 수업 시간에 이런 생각을 했다고 말할 것이다.

'이걸로 무슨 수업을 해?' 또는 '이걸 어떻게 다 읽어?'

3, 4학년이 되면 교수님에게 "3학년이 이런 것도 몰라?"라는 말을 자주 듣게 된다. 1학년 때는 교수님이 친절하게 하나하나 가르쳐주고 깔끔하게 정리해줬을 것이다. 고등학교와는 전혀 다른 수업방식에 적응할 수 있도록 세심하게 지도하기 때문이다. 그러나 고학년이 되면 다르다.

어떤 교수님은 자신이 하고 싶은 이야기를 줄줄 쏟아내며 '알아서' 정리하라고 한다. 또 다른 교수님은 논문 두세 편을 통째로 들고 와서는 수십 페이지를 훅훅 건너뛰며 수업하기도 한다.

드디어 살 떨리고 피 말리는 시험 기간.

간략한 수업자료를 읽으면 생략된 부분 때문에 도무지 무슨 말인지 알 수가 없다. 책상에 쌓인 수십 편의 논문을 보면 읽기도 전에 토가 나올 것만 같다. 마치 러시안룰렛을 하듯 학점이고 뭐고 포기하고 싶은 생각만 굴뚝. 그래도 마음을 다잡고 공부하려 하면 기억나는 것은 없고 머릿속은 뒤죽박죽.

'이런, 학점 날아갔다. 무사히 졸업할 수 있을까?'

긍정적으로 생각하기를….

당신과 별 다를 것 없는 학습 자료를 가진 누군가는 좋은 학점을 얻고 장학생이 된다. 그들은 당신과 무엇이 다를까?

장학생일수록 영어 공부, 자격증 공부, 대외 활동 등 자신의 포트폴리오를 쌓는 데 공을 들인다. 이것저것 할 게 많다 보니 평소에는 학과 수업을 복습할 여력이 없다. 다시 말해 장학생도 '벼락치기'를 한다는 뜻이다.

그도 당신도 벼락치기를 하는데, 성적은 다르다. 과연 그에겐 어떤 노하우가 있을까? 그것은 '필기'다. 필기를 잘해두면 벼락치기해야 할 공부의 양이 반의 반의 반으로 줄어든다. 캠퍼스에는 시험 기간만 되면 '족보'가 돌아다닌다. 당신의 눈에만 보이지 않는 '족보', 소문만 무성할 뿐 당신은 보기도 힘든 족보 말이다.

좋은 학점을 받은 선배의 족보나 장학생의 족집게 노트를 찾으러 다니는 하이에나들 때문에 당신은 만져보지도 못한 족보는 어떤 시험 문제든 답을 알려주는 족집게처럼 여겨진다. 수업 시간에 강조한 내용을 적은 한 문장이, 수업 시간에 밑줄 친 한 문장이, 색깔 펜으로 별표 표시한 그 부분이 신통방통하게 시험 문제로 출제된다.

수업 시간에 슬쩍 던져놓기만 했던 것을 시험 문제로 제출하는 교수님도 있다. 그때는 뒤통수를 맞은 듯 분한 기분이 들겠지만 걱정할 것 없다. 이런 문제는 다른 사람도 못 푼다. 상대평가라는 시스템상 남들이 틀린 문제를 당신도 틀렸다고 해서 세상이 무너지는 건 아니니까.

자신이 보고 느끼고 생각한 것을 모두 한방에 기억할 수 있다면 얼마나 좋을까? 그러나 우리의 뇌는 새로운 것을 채우기 위해 수시로 지난 것들을 지운다. 인간은 망각의 동물이라 하지 않는가.

'저는 그냥 중간만 하고 싶어요…'

수업 시간에 필기만이라도 꼼꼼하게 해보라. 시간은 많지 않은데 공부할 것이 많을 때는 노트 하나로 해결할 수 있다. 물론 조금 더 공을 들여 공부한다면 좋은 성적을 얻을 수 있을 것이다. 그러나 어쩔 수 없이 벼락치기를 해야 한다면, 잘 필기된 노트를 활용하는 게 시간 면에서나 심적인 면에서 크나큰 위안을 준다.

평소 수업 시간에 '필기'에 조금만 더 신경 쓰자. 그러면 시험 시간에 이맛살을 찌푸리며 머리카락을 쥐어뜯는 일은 일어나지 않을 것이다.

♫ 모든 걸 내던진 마지막 안 되면 다 끝이야
  더 이상 잃을 것도 없는 게 나야
  이보다 이보다 더한 것도 할 거야
  이게 왜 이게 뭐 온갖 독한 말도 이겨냈잖아
  망설이지 말고
  Bang Bang Bang Bang Bang

공부에도 왕도가 있다

당신이 아무리 날라리라도 꼭 출석을 해야 하는 때가 있다. 언제인지 감이 오는가? '시험 전 주'에는 무슨 일이 있더라도 출석을 해야 한다.

그 기간에는 교수님이 시험 범위를 되짚어주거나 힌트를 준다.

'나는 단짝이 필기 왕이라 그런 걱정이 없어요!'

와우, 착각이 심하구나. 설마하니 친구가 당신을 위해서 필기를 했겠는가. 그는 자신의 스타일대로, 자신이 이해되지 않는 부분을 위주로 필기했다. 간혹 알아보기 힘들 정도로 괴발개발 쓰여 있거나 줄임말로 써놓았을 수도 있다. 물론 궁금한 것은 친구에게 수시로 물어볼 수도 있다. 그러나 한두 번도 아니고 그런 식으로 친구의 시간을 방해한다면?

아마도 다시는 노트를 빌릴 수 없을 것이다.

우선순위를 정하라

Let it go (효린)

일의 우선순위가 왜 중요한지는 반복하지 않겠음. 중요한 것을 대충 넘겨버릴 정도로 어리석지는 않을 테니.

단, 복학을 준비할 때는 우선순위의 중요성보다는 우선순위를 정하기 위한 구체적인 계획에 집중해야 한다.

하루에 한 가지 일만 하고 살아도 된다면 굳이 우선순위를 논할 필요가 없다. 그러나 우리의 하루는 복잡다단하다. 때로는 짐작할 수 없는 일들도 일어난다. 당연히 처리해야 할 일도 한두 가지가 아니다.

아침 빗소리는 정말 로맨틱하다.

어라~ 이건 내 학점 떨어지는 소리!

그렇다면 복학을 앞두고 무슨 일부터 해야 할까?

너무 막연하다고? 그럴 줄 알았지.

종이부터 꺼내라. '복학생 버프'를 제대로 누리고 싶다면 복학 후 '해야 할 일'과 '하고 싶은 일'을 모두 적어 한눈에 볼 수 있도록 하자.

참고로 우선순위를 정할 때 가장 많이 저지르는 실수가 머리로 정리하기다. 해야 할 일과 하고 싶은 일들이 2~3가지로 압축된다면 충분히 머릿속으로 정리할 수 있다. 반면 목록이 길어질수록 헷갈리고 순서가 뒤죽박죽 엉키고만다. 귀찮더라도 직접 '적어라'.

목록을 정했다면 이제 '달력 권법'을 써보자. 당신에게 지금 당장 필요한 것은 뭐? 그렇다. '달력'을 준비하라. 당신의 목록에 있는 일들을 하나씩 달력에 옮겨 적을 차례다.

예를 들어 '해야 할 일'을 적을 때, 예비 복학생의 경우 복학신청, 수강신청, 전공 공부, 외국어 공부, 거처 정하기, 아르바이트 구하기 등이 있다. 그 중에서 복학신청이나 수강신청 등 기간이 확실한 것부터 달력에 옮겨 적는다. 외국어 공부나 아르바이트 구하기 등 기간이 명확하지 않은 것들은 '최소한 이 날에는 시작하면 좋겠다' 하는 날에 적는다.

이렇게 달력에 옮기고 보면 '해야 할 일'을 시작하고 완료하기 위해 필요한 준비사항(서류, 사전조사, 학원신청)을 언제까지 마쳐야 하는지 파악할 수 있다. 그렇게 되면 해야 할 일에 대한 우선순위가 자연스럽게 정해진다.

대체로 해야 할 일들은 '기한'의 영향을 많이 받기 때문에 달력에 목록을 옮겨 적는 과정을 거쳐 우선순위를 정할 수 있다.

물론 세부적으로 더 체크해야 하는 것들도 있다. 전공 공부와 외국어 공부를 동시에 해야 할 때는 상황에 따라 우선순위를 갱신해나가야 한다. 이때도 우선순위의 기준이 있다. 바로 '시험'이다. 시험 날짜를 달력에 표시해두고 일정에 맞춰 공부할 양을 적절히 분배한다. 시험이 없는 공부라면 '언제까지 이 정도 수준에 도달하겠다.' 하는 식으로 느슨하게 계획을 잡아보자.

'하고 싶은 일'의 경우도 크게 다르지 않다. 자신이 하고 싶은 일들을 달력에 옮겨 적으면 된다. '해야 할 일'에 비해 '하고 싶은 일'은 날짜를 정하는 데 유연하다는 점이 다를 뿐이다. 즉 '하고 싶은 일'을 달력에 표시할 때는 '해야할 일'들 사이에 끼워 넣는 것이 요령이다. 하고 싶은 일은 '당의정(쓴 약에 단 옷을 입힌 알약)' 같은 것이다. 해야 할 일을 등한시하고 하고 싶은 일부터 챙긴다면 당장은 즐거울 수 있으나 장기적으로는 후회막심이다.

군이 달력에 적는 수고를 해야 하냐고? 예비 복학생이여, 전역하면 시간이 생각보다 많지 않을 것이다. 어설프게 시간만 낭비하다가 후회하지 말고 어서 목록을 작성하고 달력에 적어보자. Let it go. 미래는 그렇게 조금씩 채워나가는 것이다. 시간은 곧잘 채워지지만, 당신의 미래는 저절로 채워지지 않는다.

♬ 거릴 두고 보면 모든 게 작아 보여
　날 두렵게 했던 것 이젠 겁나지 않아
　차가운 공기들 속에 의지는 강해져
　날 가뒀던 세상 향해 이젠 소리칠 거야

□ 뭣이 중헌디? 달력 권법에게 물어봐!

해야 할 일 적기

	해야 할 일	세부내용	기한	준비사항	비고
1					
2					
3					
4					
5					
6					
7					

하고 싶은 일 적기

	하고 싶은 일	세부내용	준비사항	비고
1				
2				
3				
4				
5				
6				
7				

해야 할 일과 하고 싶은 일을 달력에 옮겨 적기

( )월

일	월	화	수	목	금	토

결국은 기본이다

The boys (소녀시대)

　신입생 때를 돌아보면 반수를 하거나 1학기를 마치자마자 빠르게 전과를 하는 동기들이 꽤 있었을 것이다. 당신은 '힘들게 대학에 들어왔으면서 저렇게까지 해야 하나.' 하는 생각을 했을지도 모른다. 그러나 만일 그들이 자신의 꿈을 찾아 나선 것이라면, 이 시점에서, 그들의 용기와 판단력에 박수를 쳐주고 싶을 것이다.

　당신은 어떠한가? 원하는 학과에 들어가 만족스러운 학교생활을 했는가? 아니면 적응에 실패해 시간이라도 벌기 위해 입대를 선택했는가?

여기서 핵심 포인트!! 긍정적이든 부정적이든 지금 당신이 처한 상황, 즉 '복학'은 대학 입학 이후 제2의 인생 터닝 포인트가 될 수 있다는 것.

입대 전 과거는 잊자. 당신이 게임에 빠져 폐인처럼 지냈든 학점이 바닥을 쳤든, 그것들은 이미 돌이킬 수 없다. 그러나 복학 후에는 충분히 만회할 기회가 있다.
언제? 어떻게?
대학생으로서의 기본을 챙기면 된다.

기본1: 자신에게 맞는 수업을 선택할 것

개인차가 있겠지만 3점대 중후반 정도의 학점은 챙겨야 졸업 후에 쓸모가 있다. 그렇다면 당신에게 맞는 수업을 선택하는 것이 유리하지 않겠는가. 이미 어느 정도 익숙하거나 자신 있는 수업 또는 큰 흥미를 느끼고 열정을 쏟을 수 있는 수업을 선택하자. 복학 후 첫 학기부터 과욕을 부려 생소한 교양과목이나 부전공을 선택했다가는 고생은 고생대로 하고 학점은 학점대로 날아간다. The boys, 과욕은 금물.

기본2: 출석부에 신경 쓸 것

보통 수업 첫날은 수강 정정기간과 겹치기 때문에 대체로 교수님들은 수업을 곧바로 진행하지 않는다. 대신 수업 진행 방식과 성적 기준에 대한 설명을 해준다. 그러나 학생들은 수업시간이기는 하나 시험과는 무관하게 여겨 대부분 첫 수업을 빠지곤 한다. 몰라서 그런 거다. 이 시간이야말로 반드시 출석을 하는 게 좋다. 결석 또는 지각 1회당 몇 점씩 감점하는지, 지각 몇 회를 하면 결석 1회와 동일하게 처리되는지, 출결점수가 전체 성적에서 몇 퍼센트나 차지하는지 등을 알 수 있기 때문이다. 시험을 아무리 잘 봤다 하더라도 출석부 관리가 엉망이라면? The boys, 다 된 밥에 재를 뿌리지 마.

물론 완벽한 출결은 금상첨화다. 그러나 그렇게 할 자신이 없거나 그것을 스트레스로 여긴다면, '최소한 몇 번 이상은 지각하거나 결석하면 안 되겠다'라는 기준이라도 세우기를 바란다.

기본3: 맞춤법에 민감하게 반응하라

여기서 말하는 맞춤법이란 '시험'이나 '과제'의 맞춤법이다. 어떤 교수님은 시험지를 작성할 때 띄어쓰기나 문장

부호를 포함한 맞춤법을 꼼꼼하게 체크한다. 하나 틀릴 때마다 1점씩 감점하기도 한다.

과제는 워드에서 '빨간 줄'을 그어 어느 정도 수습할 수 있다. 그러나 직접 써내려가야 하는 시험의 경우 맞춤법에 신경 써야 한다. 평소 헷갈리는 단어나 띄어쓰기가 있으면, 스마트폰이나 인터넷을 활용해 그때그때 찾아서 익혀 두는 습관을 들이자. 오래 걸리지 않는다. 10초 정도? 자잘한 10초들이 모여 당신의 기본을 세울 수 있다.

여기서 또 다른 핵심 포인트! 시험지를 작성할 때 맞춤법이 헷갈릴 때는 확실히 아는 단어로 바꿔 쓰자. 예를 들면 '시간 나는 대로 먹었다'와 '시간 나는대로 먹었다'처럼 띄어쓰기가 헷갈린다면 '시간 날 때마다 먹었다'로 바꿔 쓰면 된다. 혹시 위 두 문장 중 어느 것이 맞는지 궁금한가? The boys, 검색하라, 지금부터 시작이다!

기본4: 시험과 과제물은 필수

출결이나 수업참여도 같은 점수는 시험이나 과제물로 어느 정도 보충할 수 있다. 그러나 시험을 보지 않거나 과제물을 제출하지 않는다면 그 어떠한 것으로도 메울 수 없다. 만약 시험 직전까지 책 한 번 펴보지 않아서 시험을 포기하고자 한다면, 시험지에 이름이라도 적어라. 이름을 쓰고 나서 조금만 더 욕심내서, 온갖 상식을 동원해 서너 줄이라도 적어보자. 뜻밖에 C학점을 받을지도 모른다.

수업시간 10분 전에 과제가 있다는 것을 깨달았다고 해도 무조건 PC실로 달려가라. 누구나 생각할 수 있는 뻔한 얘기라도 적어서 제출하라. 시험이든 과제든 빼먹지 않는다는 게 중요하다.

The boys, 기본점수라도 받아라. 그것마저 놓친다면 정말로 회복할 수 없다. 큰 사고를 당해 부상을 당한 환자라도 기본 체력이 있으면 회복이 빠른 것처럼, 기본점수라도 채워놓으면 의외로 총점은 나쁘지 않을 것이다.

기본5: 교수님의 룰을 따르라

교수님의 강의는 이전 학기의 내용을 기반으로 하지만 복학생들에겐 2~3년 전의 일이다. 복학 후 교수님의 수업 방식에 대한 새로운 정보를 모으는 데 힘써야 한다. The boys, 교수님의 눈 밖에 나지 마. 교수님의 룰을 파악하고 적응한다면 기본은 먹고 들어간다.

♫ 너의 집념을 보여줘 지구를 좀 흔들어줘

모두가 널 볼 수 있게
역사는 새롭게 쓰이게 될 걸?
주인공은 바로 너! 바로 너!
Bring the boys out

작전29 복학에도 품격이 있다 트ㄹ
정적 에너지는 쓰레기통으로 심
기 예쁜 나이 25살 (송지은) 작
름이 뭐예요? (포미닛) 작전33 ㅇ
연) 작전34 복학 울렁증은 이제 그

메이커 (현아, 장현승) 작전30 부

  (AOA) 작전31 스타일 변신하

2 관계는 통성명에서 시작된다 이

을 떠나라 제주도의 푸른 밤 (태

날개를 펴고 (루나, 엠버, 크리스탈)

작전 29

복학에도 품격이 있다

트러블 메이커 (현아, 장현승)

"우리 때는 안 그랬는데."

복학생이 해서는 안 될 말이다. 절대, 결코, Never! 제발~

군대 조직이 가지는 계급의 특성상 당신은 매순간 상명하복의 관계 속에서 살아야 했다. 하지만 새 술은 새 부대에 담아야지. 전역증을 받고 군대 밖으로 나가는 순간 계급장은 아무 소용이 없다. 단, 같은 부대에서 생활하던 군대 동기나 선임 또는 후임들과 만나는 순간을 제외하고. 앞으로 당신이 속할 세상에는 계급 따위는 존재하지 않는다. 물론 눈에 보이지 않는, 경제적인 계급은 어쩔 수 없다. 돈이 지배하는 자본주의 세상에서 부가 가져다주는 암

묵적인 계급은 당신이 앞으로 극복해야 할 숙제다.

이런 것은 차치하고, 군대 내 위계질서를 캠퍼스까지 끌고 가서는 안 된다. 후임을 대하듯 후배를 다루는 것은 금물이다. 또한 선배 대접받기를 기대하지도 말라.

복학생과 재학생 간에 어마무시한 트러블이 가시적으로 드러날 때가 있다. 바로 팀플(팀 프로젝트)을 수행할 때다. SNS에는 팀플의 폐해에 대한 글들이 무진장 떠돌아다닌다.

경계주의보!
1. 스스로 하는 것은 하나도 없고 숟가락으로 떠먹여주듯이 일일이 챙겨줘야 하는 복학생
2. '아프다', '가족행사가 있다' 등 미꾸라지 빠지듯 팀플은 뒷전인 복학생
3. 허드렛일은 후배들에게 시키면서 발표에 욕심을 내는 복학생

똑똑한 후배들 사이에 껴서 손 안 대고 코 풀려는 복학생의 속셈이 빤히 보인다. 과연 이들에게 어떤 일이 일어날까? 최악의 경우, 팀플에서 이름이 빠질 수 있다. 비싼 등록금 내고 받은 성적표에 F가 떡하니 당신을 노려볼 뿐.

아, 당신을 노려볼 사람이 또 있다. 당신의 등록금을 내주는 사람.

운 좋게도 당신은 착한 팀원들 덕분에 괜찮은 학점을 받을지도 모른다. 그러나 대학은 소문이 굉장히 무서운 곳이다. 당신에 대한 악명은 이미 캠퍼스를 떠돌고 있을 것이다.

기피대상 1호.
똥 밟았다!!!

심지어 후배들이 당신을 사람 취급도 하지 않을 수 있다. 차라리 똥이 낫지, 개똥은 약에도 쓴다는데.

개구리 올챙이 시절 생각 못한다고, 이등병 시절을 떠올려보자. 꼴 보기 싫은 선임의 행동들이 주마등처럼 흘러갈 것이다. 지금 자신의 모습을 돌아보라. 당신은 트러블 메이커 1순위?

선임들의 꼴불견 행동 중 몇 퍼센트가 오버랩되는가? 딱히 커트라인은 없지만 스스로 몸서리쳐진다면 심폐소생이 필요한 상태다.

3시에 팀플인데 다들 좀 늦네.

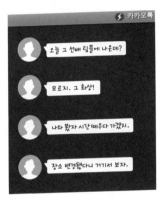

오늘 그 선배 팀플에 나온데?

모르지. 그 화상!

나왔 봤자 시간 때우다 가겠지.

장소 변경됐다니 거기서 보자.

2시간째 기다리는 중. 새 됐다.

누군가를 처음 만나 그 사람에 대해 판단을 내리기까지 걸리는 시간은, 단 7초. 하지만 첫인상을 바꾸려면 약 60번을 만나야 한다는데……. 한 번 각인된 이미지를 바꾸려면 각고의 노력이 뒤따른다는 말이다.

트러블 메이커로 일단 찍히면 졸업할 때까지, 아니 사회에 나가서도 고생한다. 안에서 새는 바가지 밖에서는 안 샐까.

♫ 난 Trou a a a ble! Trouble!
Trou! Trouble Maker!
Trouble Maker!
Trouble Maker!

□ 헉, 어쩌다 닮아버린 선임들의 꼴불견 행동들

1. _____
2. _____
3. _____
4. _____
5. _____

□ 용기 내어 물어보자. 후배들아, 내가 고쳐야 할 점을 알려다오.

1. _____
2. _____
3. _____
4. _____
5. _____

부정적 에너지는 쓰레기통으로

심쿵해 (AOA)

그놈의 인기가 뭔지.

모든 사람이 나를 좋아할 수 있을까? 수많은 팬을 거느리는 스타에게도 안티가 있다. 그중에는 이유도 없이 싫다는 사람도 있다.

이게 현실이다. 열 명의 사람이 있다면, 그들 모두 나를 좋아하는 것은 불가능하다. 이유 없이 당신이 그냥 싫을 수도 있다. 마음 상할 것 없다. 당신의 인간관계에 문제가 있다는 건 아니니까.

애써 나를 싫어하는 사람의 마음을 돌리려고 에너지를 쏟을 필요가 없다. 마음처럼 되지 않는다고 우울해하며 술

잔을 기울이지도 말자. 당신에게도 분명 그런 사람이 있을 것이다.

어디를 가나 환영받는 사람이 되고 싶다고? 당최 "쟤, 싫어" 하는 사람을 본 적이 없는 친구가 부럽다고? 이 세상에 유느님 같은 사람이 되고 싶다고? 참새가 황새걸음 하면 다리가 찢어진다. 괜히 애쓰다가 당신이 싫다는 사람이 더 생길 수 있다. 다른 사람의 가면을 쓰고 흉내 내는 사람을 좋아할 사람이 몇이나 되겠는가. 당신의 본모습을 알아보고 좋아하는 사람에게 집중하자.

잠깐 군대 시절을 떠올려보자. 잘못한 것도 없는데 당신을 괜히 괴롭히는 선임 또는 당신에게 뭔지 모를 적대감을 품은 후임이 있는가 하면, 반대로 당신을 굉장히 아끼는 선임, 당신을 유독 잘 따르고 좋아하는 후임이 있을 것이다.

당신에게 호감을 보이거나 따르는 사람이 있는 반면에 당신과 눈도 마주치지 않고 피하는 사람이 있다. 일일이 상대방의 태도나 감정에 휘둘릴 필요가 없다. 당신을 멀리

하거나 무시하는 행동은 깔끔하게 무시하라. 의도치 않은 나쁜 관계에 집착하면 감정 소모가 상상을 초월한다. 그 에너지를 당신의 삶을 긍정적으로 유도하는 데 써라. 딱히 이유나 사건이 없었음에도 당신을 싫어하는 사람은 내버 려두자. 그런 사람은 당신이 뭘 해도 나아지지 않는다. 가 시 돋친 선인장을 건드려봐야 찔리고 아픈 건 당신이다.

당신에게 호감을 보이거나 아껴주는 사람이 있는가? 어 떠한 대가도 없이 당신과 함께하기를 원하는 친구가 있는 가? '심쿵해' 하는 사람이 있다면 당신은 축복받은 존재다. 죽기 전에 떠오르는 진정한 친구가 있다면 그 사람의 삶 은 성공한 것이라고 하지 않은가.

SNS상에서 화제가 된 광고가 있다. 말 한 마디가 어떻게 세상을 바꾸는지 보여주는 대표적인 예다.

도시의 거리에서 한 노인이 구걸을 하고 있다. 그의 옆 에는 이런 문구가 쓰여 있다.

'나는 장님입니다. 도와주세요.'

지나가는 사람들은 간간히 그에게 동전을 던져 주었다.

이때 이곳을 지나가던 한 여성이 그 장면을 목격했다.

그녀는 '나는 장님입니다'라고 쓰인 널빤지 뒤에 뭐라고 글을 적었다.

그러자 기적 같은 일이 벌어진다. 지나가던 사람들 대부분이 동전을 던져주고 갔다.

노인은 그녀에게 말을 걸었다.

"내 종이판에 뭐라고 썼나요?"

"뜻은 같지만 다른 말을 썼습니다. 아름다운 날입니다. 그리고 난 그걸 볼 수 없네요."

그리고 마지막 장면에 '당신의 말을 바꾸세요. 당신의 세상을 변화시키세요.'라는 자막이 나온다.

이렇듯 긍정적인 말에는 다른 사람들의 마음을 변화시킬 수 있는 힘이 있다.

당신 인생도 그렇다. 당신에게 이유 없이 부정적인 말을 쏟아 붓는 사람을 곁에 두면 당신 인생은 부정적으로 흘러간다. 반대로 당신에게 긍정적인 말로 응원하는 사람을 곁에 두면 긍정적인 방향으로 흘러간다.

♬ 어머나 자꾸만 심쿵해
　 널 보면 볼수록

가슴이 쿵쿵대 나도 모르겠어
심쿵해 나 어쩌면 좋아

□ 당신이 부러워하는 사람 vs 당신을 응원하는 사람

혹여라도 떠오르는 이름이 없다고 좌절하지 말자. 당신은 고작 스무 해 남짓 살았을 뿐이다.
인생은 길고 만나야 할 인연도 많다.

1. _____

_____

2. _____

_____

3. _____

_____

4. _____

_____

5. _____

_____

스타일 변신하기

예쁜 나이 25살 (송지은)

'전역 복학생'

어떤 이미지가 떠오르는가?

인터넷에서 떠도는 글에 따르면 다음과 같다.

1. 일체의 왁스, 젤, 무스를 하지 않은 편안한 머리 스타
   일…
2. 며칠 세수를 안 한듯 넘쳐나는 얼굴의 기름…
3. 웬만한 아가씨 몸통만 한 가방. 그 안에는 과연 무엇
   이???
4. 편함을 강조해 일주일간 계속 입는 바지(일명 교복바지)

당신은 절대 안 그럴 거라고? 에이~ 장담은 금물.

일반적으로 중학교, 고등학교를 거쳐 대학교에 간 남학생이라면 교복이라는 틀에 익숙할 것이다. 심지어 6년 동안 입지 않았던가. 대학 입학 후 '복장 자유'에 익숙해질 즈음 나라에서 지정한 국방색 옷을 1~2년간 몸에 걸쳐야 한다. 나쁘게 말하면, 개성이라고는 눈 씻고 찾아보려야 볼 수 없는 끔찍한 패션 테러리스트. 좋게 말하면? 전역 전까지는 자신의 '스타일'에 신경을 쓰지 않아도 된다.

복학생도 이미지 관리가 필요하다. '복학생=촌티, 구리다, 냄새난다, 지저분하다'처럼 부정적인 꼬리표는 달고 다니지 말자. 집에 널브러져 돌아다니던 목이 잔뜩 늘어난 티셔츠를 주워 입는 것, 삼선 슬리퍼 신고 캠퍼스를 누비는 것은 더는 끝! 당장 군 보급에서 벗어나라! 당신의 옷을 담당하는 것은 국방부도, 병무청도, 당신의 어머니도 아닌 바로 당신이다.

여학생들을 대상으로 어떤 스타일의 복학생이 끌리는지 물어보았다.

화려함? 땡~

명품족? 땡~

패션 테러리스트의 습격

모자 속 떡진 머리

과한 깔맞춤

애교심 쩌는
학과 점퍼

사계절용
슬리퍼

과한 롤업

아는 척 할까봐 무서워!

깔끔하게만 입어라. 당신이 흘금흘금 눈길을 두는 그녀
들은 깔끔하기만 해도 오케이란다. 가장 상큼하고 멋질 나
이 25. 가장 예쁜 나이 스물다섯. 그 시기를 끔찍한 복학생
으로 살고 싶은가.

한 번도 스스로 옷을 사본 적이 없다고? 어떻게 코디를
해야 할지 모르겠다고? 지금부터 가장 손쉬운 방법을 소

개하겠다.

TV에 등장하는 연예인의 패션 따라잡기. 단, 너무 무리하지 말 것. 키 크고 잘생긴 가수나 배우는 무슨 옷을 입어도 멋있다. '패완얼'이라고 패션의 완성은 얼굴이니까. 지나치게 그들을 따라했다가는 이상한 복학생 오빠가 되기 십상이다.

당신의 롤 모델은 개그맨이나 전문 방송인이다. 개그 프로그램에 나와 우스꽝스러운 행동을 할 때 입는 옷이 아니다. 당신이 눈여겨봐야 할 것은 토크쇼나 오락 프로그램에 입고 나온 옷들이다. 개그 프로그램과 달리 깔끔하고 정돈된 의상을 입고 나온다. 당신처럼 평범한 사람들이 따라 하기 쉽고 주위에서 자주 접할 수 있을 법한 스타일이 많다.

만약 TV를 볼 시간이 없다면, 인터넷 쇼핑몰을 적극 활용하자. 복학생을 위한 스타일을 제안하는 쇼핑몰이 점점 늘고 있다. 마음에 드는 상의를 클릭하면 어울리는 하의나 신발 등을 추천해준다. 또 그 옷을 구매한 사람이 어떤 다른 상품을 구매했는지, 상품평은 어떤지 등을 상세히 알려준다.

인터넷 쇼핑몰도 귀찮다면, 인터넷 검색창에 당신이 입

고 싶은 스타일의 옷을 검색하자. 코트면 코트, 니트면 니트 다양한 블로그와 카페들을 찾아볼 수 있다. 클릭 몇 번으로 마음에 드는 옷을 고를 수 있다. 당신이 원하는 스타일을 눈여겨보았다가 의류매장에 찾아가서 비슷한 옷을 구매할 수도 있다.

♬ 하고 싶은 걸 다 보여줄게
  기다린 이 순간
  예쁜 나이 25살
  예쁜 나의 예쁜 나이 25살
  예쁜 나이 25살

□ 당신을 빛나게 할 옷장 속 숨은 보석 찾기

당신의 옷장 속에는 우연하게 얻어 걸린 멋진 패션 아이템들이 숨어있다. 아직까지 그것을 알아볼 눈을 가지지 못한 당신이 제일 문제지만, 옷장 속에 처박아두고 한두 번 입고 말았을 옷들을 찾아보자. 유행은 돌고 도는 것!

1. 상의 종류

_____

_____

2. 하의 종류

_____

_____

3. 신발 및 액세서리 종류

_____

_____

□ 당신을 패션 테러리스트로 만드는 복학생 패션 체크하기

이 메모를 통해 당신의 패션 감각을 체크하고, 주변 사람들의 조언과 핀잔을 귀담아 듣기를 바란다.

_____

_____

관계는 통성명에서 시작된다

이름이 뭐예요? (포미닛)

가까이 하기엔 너무 먼 복학생.

하루라도 빨리 선배들, 여전히 학교를 다니는 동기들, 특히 후배들과 가까워지고 싶지만… 거참, 현실은 녹록치 않다. 한숨이 나오는가? 걸어 다니기만 해도 새내기의 기운이 물씬 나는 신입생 후배들과 어울릴 기대에 복학일을 기다리고 있는가? 이를 어쩌나. 그들은 당신을 부서지기 일보 직전의 폐차로 여기거나 혹은 당신의 복학을 반기지 않을 수도 있다.

그럼에도 불구하고 낙심한 당신에게 기쁜 소식을 전하노니.

206

돈 안 들이고 어색한 복학생 형, 복학생 오빠에서 탈출할 수 있는 방법이 있다. 바로 '인사'다.

모 방송에서 한 가지 실험을 진행했다. 어떤 사람이 양손 가득 짐을 들고 엘리베이터에 탔다. 그는 자신이 내리려는 층의 문이 열리는 순간 들고 있던 짐을 떨어뜨렸다. 이때 그를 돕는 사람이 얼마나 되는지를 알아보고자 했다.

처음에는 함께 엘리베이터에 탄 12명 중 3명만이 도움의 손길을 내밀었다. 그러나 조건을 달리하여 진행한 두 번째 실험에서는 그를 9명이나 도와주었다.

과연 첫 번째 실험과 무엇이 달라진 것일까? 두 번째의 경우 엘리베이터를 타면서 먼저 타고 있던 사람들에게 인사를 건넸다. 그 결과 첫 번째와 달리 많은 사람들이 그를 도왔다.

인사에는 사람의 마음을 여는 힘이 있다. 인사는 당신을 존중하고 배려한다는 신호인 셈이다. 따라서 관계의 '물꼬 트기'에 인사만큼 적절한 것은 없다.

입학 초기를 돌이켜보라. 왠지 별 이유도 없이 마음이 가는 친구가 눈에 띄었을 것이다. 그리고 그 또는 그녀에게 먼저 다가가 인사를 건네며 친해지려고 노력했을 것이다.

복학하면 대학 내 인간관계가 초기화되는 경우가 많다.

간간이 휴가도 나왔건만 2년간 나만 냉동고에 갇혀 있었
던 듯 어색하고 서먹하고 낯설다.

개강을 하면 새로운 만남을 위한 여러 행사가 줄줄이 기
다리고 있다. 그 중 안면 트기에 가장 좋은 기회는 개강파
티나 개강총회. 마주치는 사람들마다 신입생의 자세로
안면을 트고 새롭게 사람을 사귀어야 한다. 선배랍시고 거
드름을 피우다가는 큰코다친다. 학교는 군대가 아니다. 파
릇파릇한 잎사귀를 이제 막 피우기 시작한 후배들에게 군
대는 남의 일이다. 하던 일도 멈추고 선임에게 거수경례하
는 후임 같은 행동을 그들에게 기대하지 마라.

"선배를 보고도 인사 안 해?"
그 순간 당신은 상종 못할 복학생, 비호감 복학생이라는
주홍글씨가 따라다닐 것이다. 전역과 동시에 군대식 사고
방식은 관물대에 넣어두고 나오기를 바란다.

개강 초기에는 모두가 서먹하다. 처음이니까.
어떤 행사에 참여하든지 준비운동을 하듯이 통성명부터
하면 된다.

"이름이 뭐예요?"

"전공이 뭐예요?"

"몇 학번이에요?"

"기숙사 살아요? 자취해요?"

숨넘어가게 연달아 묻지 말고 상대방의 대답에 집중하면서 얼굴을 빠르게 스캔해둔다. 행사에서 만난 사람들의 이름을 전부 외울 수는 없을 것이다. 일단 얼굴만이라도 익혀두자. 다음번에 다시 만나면 이름이 가물가물 잘 기억나지 않아 난처할 수도 있다. 하지만 반가움에 저절로 피어오르는 당신의 미소는 숨길 수 없을 것이다.

뭐든 처음이 어렵다. 처음에는 어떻게 인사말을 건넬지 우물쭈물하겠지만, 두 번째부터는 한결 수월해진다. 이름이 기억나지 않으면 어때? 웃으면서 '안녕'이라는 한마디 건네는 데 이름이 뭐가 그리 중요해. 얼굴은 확실히 알잖아.

♬ 전화번호 뭐예요?
이름이 뭐예요?
(What do you like?)
뭐예요? 뭐예요? 나랑 놀아요

□ 안면을 트기 위해 참여해야 할 행사

1. _____
2. _____
3. _____
4. _____
5. _____

□ 참여한 행사에서 유독 기억에 남는 사람들

1. _____
2. _____
3. _____
4. _____
5. _____

작전33

여행을 떠나라

제주도의 푸른 밤 (태연)

복학 카운트다운 시작! 슬슬 불안해지지? 2년의 공백을 거슬러 잘할 수 있을까 하는 의구심마저 들지?
복학 전 잠시만 모든 것을 내려놓고 떠나보자.

군대라는 틀에 익숙해진 당신에게 필요한 건 뭐?
일탈!!!

그곳이 어디든, 친구들과 함께여도 좋고 혼자여도 좋다. 2박 3일, 3박 4일 같은 짧은 여행이 아닌 조금 긴 여행을 떠나보자. 일정에 쫓겨 풍경 구경만 하다 돌아오지 말고

사색하는 시간을 갖기를 바란다.

도저히 그럴 수 없다고?
멀리 갈 수 없다면 시간을 많이 낼 수 없다면, 제주도의
푸른 밤 파도 소리를 들으며 별을 헤며 당신 자신을 온전
히 자연에게 맡겨 보기를.

문학 용어 중에 '낯설게 하기' 기법이 있다. 이는 소설,
시, 영화에서 의도적으로 특정 부분에 몰입하지 못하게 함
으로써 해당 작품을 객관적으로 분석하고 판단할 수 있게
하려는 의도다. 복학을 코앞에 둔 당신에게 현실 직시는
분명 필요하다. 하지만 그보다 '낯설게 하기' 기법을 통해
자신의 삶을 객관적으로 바라보는 것이 우선이다.

'여행'은 일상의 '낯설게 하기' 기법 중 가장 확실하면서
도 쉬운 방법이다. 자신이 앞으로 무엇을 해야 할지, 어떤
것을 원하는지 헷갈리고 머릿속이 복잡한 순간, 오히려 그
것에만 몰두하면 악수를 두게 되는 경우가 허다하다. 그러
나 낯선 곳을 여행함으로써 자신의 일상에서 한 발짝 떨
어져서 자신의 삶을 객관적으로 바라볼 수 있다.

여행의 참맛이란

현실은? 모두 커플인데 나만 솔로.

객관적이 된다는 것은 당신이 가진 문제점 또는 장단점, 상황에 대한 이해 등을 선명하게 들여다볼 수 있는 장점이 있다. 마치 경계가 흐릿했던 당신의 삶을 확실한 구분할 수 있는 선이 생기는 것 같다. 그러면 당신이 가진 고민만 따로 분리해 생각할 수 있고, 저절로 그 해답이 떠오르기도 한다.

요즘은 인터넷 검색만 하면 추천 여행지는 물론 일정까지 줄줄이 나온다. 하지만 이번 여행에서는 적당히 구멍이 뚫린 계획표를 가지고 출발하기를 권한다. 여러 가지 돌발상황에 대처하면서 다양한 경험을 해보는 것이 이 여행의 묘미이자, 이로써 당신은 객관적 입장에 놓일 수 있다.

당신은 2년간 계획표대로 보냈다. 마치 다람쥐가 우리에 갇혀 이따금 바퀴를 돌리듯.
당신의 경직된 몸과 마음을 느슨하게 풀어주는 계기를 마련하기 위한 여행임을 잊지 말자.

혹시 대한항공 '게스트하우스 프랑스' 광고를 본 적이 있는가?

기존의 방식에서 벗어나 좀 더 깊고 숨겨진 프랑스의 모습을 보여주기 위해 현지인처럼 느끼고 경험하는 '게스트하우스 여행'을 콘셉트로 하고 있다. 당신은 이런 여행을 해야 한다. 타인의 삶 속에 들어가는 여행. 관찰자의 입장에서 타인의 삶을 들여다보고 그것을 기초로 자신의 삶을 되돌아보는, 시간과 공간과 당신을 하나로 묶는.

누구나 둘러보는 관광 명소에서 찍은 사진이 의미가 없다는 게 아니다. 적어도 복학을 앞두고 떠나는 여행에서는 판에 박힌 듯 남들처럼 여행하기보다는 마음의 여유를 풀어놓자. 당신의 굳어진 몸과 마음이 푸른 하늘을 날 수 있도록, 당신의 경직된 사고가 초록의 들판을 내달릴 수 있도록.

♪ 떠나요 둘이서 힘들게 별로 없어요
   제주도 푸른 밤 그 별 아래
   그동안 우리는 오랫동안 지쳤잖아요
   술집에 카페에 많은 사람에
   도시의 침묵보다는 바다의 속삭임이 좋아요

만년빙장의 복학 작전
mission clear

□ 여행 계획 잡기

1. 누구와?

_____

2. 언제?

_____

3. 어디로?

_____

4. 뭘 할까?

_____

_____

5. 얼마면 돼?

_____

_____

6. 마지막으로 여유를 챙기자. 다른 것 한두 가지쯤은 빠져도 좋다. 여유는 빼놓지 말고 챙길 것.

복학 울렁증은 이제 그만

날개를 펴고 (루나, 엠버, 크리스탈)

'물이 반 들어 있는 컵' 하면 다음 그림 중에서 어떤 것이 가장 먼저 떠오르는가?

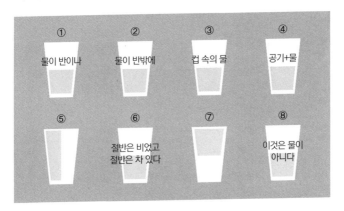

① 물이 반이나
② 물이 반밖에
③ 컵 속의 물
④ 공기+물
⑤
⑥ 절반은 비었고 절반은 차 있다
⑦
⑧ 이것은 물이 아니다

물이 반이나 찼네, 아니면 물이 반밖에 없네.

당신은 어디에 속하는가?

① 낙관주의자 ② 비관주의자 ③ 현실주의자 ④ 물리학자

⑤ 초현실주의자 ⑥ 상대론자 ⑦ 이상론자 ⑧ 회의주의자

재미로 하는 것이니 결과에 너무 집착하지 말자.

대한민국 남자로 태어난 이상 특별한 경우가 아니라면 군대에 가야 한다. 대한민국에서 남자로 태어난 죄로 '젠장 맞을, 강제로 끌려가야 한다.' 돌이켜 보면 당신의 2년은 어땠는가.

'역시 군대는 나랑 안 맞아', '군대가 체질이다', '군대에 말뚝을 박을 걸 그랬나'

만약 2년 내내 불평과 부정적인 생각으로 가득했다면 유감이다. 간접적으로라도 위로의 말을 전하고 싶다.

"그동안 참 고생이 많았다."

그러나 여기서 잠깐 되짚어보자. 당신의 부정적인 생각은 분명 흔적이 남아 지금 당신의 삶에 영향을 끼치고 있을 것이다. 부정적인 생각이 부정적인 행동을 낳고 그것은 부정적인 결과로 연결되기 때문이다. 마치 뫼비우스의 띠

처럼, 악순환은 돌고 돌아 당신 인생에 독으로 작용한다.

"카르페디엠Carpe Diem"
피할 수 없으면 즐겨라.
'난 역시 조직 생활을 할 타입이 아니야', '사회생활이 이런 걸까? 참 두렵다'라고 생각하기보다는 군생활을 통해 '조직의 쓴맛을 미리 봤다', '조직생활이 이렇게 힘들구나'를 경험했다고 치자. 어미 새에게서 먹이를 받아먹던 어린 새가 첫 비행에 성공해야만 험한 세상에서 살아나갈 수 있는 것처럼, 당신도 처음으로 날개를 편 것이라고 생각하자. 어린 새들도 첫 비행은 두려웠을 것이다. 날개를 펴지 않으면 스스로 먹이를 찾을 수 없다. 날개를 펴고 스스로 당신의 먹이를 구하라. 언제까지 부모님의 도움을 받으려는가, 언제까지 부모의 그늘 밑에서 살 수 있다고 생각하는가?

처음이 어렵지 두 번 세 번은 쉽다. 경험은 그 자체가 하나의 배움이다.
군대에서 인생 시뮬레이션을 한 셈 치자. 분명 대학 졸업 후 조직생활을 할 때, 좋은 경험은 좋은 경험대로 나쁜 경험은 나쁜 경험대로 모두 당신 인생에 큰 자산이 될 것이다.

중요한 것은 나쁜 경험을 통해서도 무언가를 배울 게 있다는 것이다.

> ♫ 나 아직 서툴지만 걱정스런 눈빛보다
> 말없이 날 포근히 안아주면 좋겠어
> 나 조금 힘들지만 아픔은 잠시뿐
> 아직 많은 날이 이루고픈 꿈이
> 나를 다시 일어서게 해

내 인생의 SWOT 분석

경영학에 SWOT 분석 이론이 있다. 여기서 S는 Strength
(강점), W는 Weakness(약점)를, O는 Opportunity(기회),
T는 Threat(위협)를 말한다. 기회나 위협과 같은 외부요
인은 우리가 제어할 수 없다.

우리 개개인에게도 SWOT이 있다. 불확실한 기회와 위
협이 주어진 상황 속에서 우리 스스로의 강점과 약점을
제어하며 무언가를 성취해야 한다. 당신은 강점을 더 강
하게 만들 것인가. 아니면 약점을 강화시킬 것인가.

흔히 약점을 보완하려고 생각하지만, '세살 버릇 여든까
지 간다'고 약점을 보완하는 건 말처럼 쉽지 않다. 그보
다는 강점을 더욱 강화시켜 나만의 특화된 부분을 만들
어가는 과정이 훨씬 즐겁고 효과적이다.

□ 군대에서 가지고 나온 부정적인 생각은 무엇인가

군대에서 느꼈던 부정적인 생각을 아직도 갖고 있다면, 지금 이 순간부터는 날려버리자. 하나도 남김 없이 적어라. 그것들이 흔적을 남기지 않게, 그리하여 당신의 앞날에 걸림돌이 되지 않도록. 눈에 보이는 것들도 중요하지만, 당신의 마음속에 남은 찌꺼기들을 제거하는 것이 제일 중요하다.

단지 당신이 계획했던 대로 된 것이 아니라고 해서
그것이 의미 없는 일은 아니다.

Just because something doesn't do
what you planned it to do doesn't mean it's useless.

토머스 에디슨 Thomas A. Edison

말년병장
복학작전

2016년 8월 11일 초판 1쇄 발행

지은이 배종환 허동령
펴낸이 우찬규 박해진
펴낸곳 도서출판 학고재

주   소 서울시 마포구 양화로 85 동현빌딩 4층
전   화 편집 02-745-1722 영업 070-7404-2810
팩   스 02-3210-2775
홈페이지 www.hakgojae.com
이메일 hakgojae@gmail.com
블로그 blog.naver.com/hakgobooks

ISBN 978-89-5625-340-4 03190